Titolo originale: *Vite fait, bien fait. Simple, le goût en +*
Autore: Sue Quinn
Fotografie: Deirdre Rooney
Styling: Alice Cannan
Editor dell'edizione inglese: Catie Ziller
Editor dell'edizione francese: Sophie Greloux

© Hachette Livre – (Marabout), 2016
Tutti i diritti sono riservati.

Ringrazio infinitamente la mia meravigliosa famiglia, Adam, Ruby e Ben, per avermi servito il tè e per essersi prodigati nell'incoraggiarmi continuamente durante la scrittura di questo libro.

Grazie davvero anche a tutta la redazione che ha assemblato le tessere di questo mosaico così bello: Alice Cannan, Deirdre Rooney, Helen McTeer e Anna Osborn. Come sempre, il ringraziamento più sentito è per Catie Ziller, che si è affidata a me per questo progetto ambizioso ma incredibilmente gratificante.

Per l'edizione italiana:

Responsabile editoriale: Marco Bolasco
Traduzione: Maurizia De Martin

www.piattoforte.it
www.giunti.it

© Giunti Editore S.p.A.
Via Bolognese 165 - 50139 Firenze - Italia
Piazza Virgilio 4 - 20123 Milano - Italia
Prima edizione: aprile 2017

Stampato in Cina

SUE QUINN

Buono FACILE veloce

160 ricette gustose pronte in 10 minuti

DEMETRA

SOMMARIO

INTRODUZIONE
pagina 6

LA DISPENSA PERFETTA
pagina 8

**APERITIVI
E FINGER FOOD**
pagina 10

INSALATE E ZUPPE
pagina 62

PASTA E SUGHI
pagina 120

CARNE E PESCE
pagina 158

DESSERT E DOLCETTI
pagina 200

INDICI
pagina 254

INTRODUZIONE

Si possono cucinare piatti deliziosi in poco tempo e con semplicità, a certe condizioni. Ecco i segreti su cui si basa questo libro.

1/ OTTIMI INGREDIENTI

Pasta, verdura, frutta, salse aromatizzate, passata di pomodoro, pomodori pelati sono gli ingredienti base che permettono di cucinare velocemente senza rinunciare alla qualità e al sapore. Nelle prossime pagine troverete l'elenco completo degli ingredienti indispensabili per una cucina veloce.

2/ ORGANIZZAZIONE

Vi consiglio vivamente di preparare gli ingredienti e l'attrezzatura necessari prima di realizzare la ricetta e di seguire l'ordine indicato: spesso è richiesto di compiere diverse azioni contemporaneamente. Conviene ottimizzare il lavoro secondo la vostra attrezzatura: in alcuni casi, per esempio, usare un bollitore per scaldare l'acqua può ridurre i tempi.

3/ TECNICA E ABITUDINE

Tutte le ricette si possono preparare in 10 minuti o anche meno se siete veloci, ma non demoralizzatevi se all'inizio ci vorrà un po' più di tempo. Quando acquisirete dimestichezza con queste tecniche, sarete in grado di preparare un ricco repertorio di piatti molto più velocemente di quanto non avreste immaginato. Si impara in fretta a cucinare rapidamente!

LA DISPENSA PERFETTA

 INGREDIENTI BASE

- Olio (extravergine d'oliva, d'oliva e di semi)
- Burro
- Sale (fino, grosso e fior di sale)
- Zucchero (di canna chiaro, scuro, semolato e non raffinato)
- Pane (casereccio e baguette)
- Uova
- Brodo di carne e di verdura
- Frutta secca e semi
- Spezie (pepe nero, paprica, cumino, peperoncino)
- Frutti essiccati
- Pasta fresca all'uovo e pasta secca
- Riso
- Couscous
- Cereali pronti all'uso (precotti) come farro, quinoa o una miscela di vari cereali

 INGREDIENTI FRESCHI

- Aglio, cipolle, cipollotti
- Erbe
- Limoni
- Lime
- Peperoncini
- Pomodori

 LATTICINI

- Yogurt
- Panna da cucina e da montare
- Formaggio fresco cremoso
- Formaggi vari (parmigiano reggiano, feta, mozzarella, toma, formaggio di capra, mascarpone)

 PESCE

- Pesci affumicati (salmone e sgombro)

 INSACCATI

- Pancetta fresca e affumicata
- Prosciutto cotto e arrosto
- Prosciutto crudo

 CONSERVE, SOTT'OLIO, BISCOTTI E CREME

- Legumi (ceci, lenticchie e fagioli)
- Pesce (tonno, acciughe, sardine)
- Verdure sott'olio (pomodori secchi, melanzane grigliate, peperoni e carciofini)
- Capperi
- Olive
- Piadine
- Biscotti
- Meringhe
- Crema spalmabile al cioccolato

 SALSE E CONDIMENTI

- Pesto
- Passata di pomodoro
- Maionese
- Senape
- Hummus
- Salse al peperoncino
- Salsa di soia

 SURGELATI

- Frutta
- Verdura
- Legumi (piselli e fave)

APERITIVI
e finger food

SEMI DI *zucca*
CARAMELLATI E SPEZIATI

per 1 ciotola / preparazione: 5 minuti + 5 minuti di riposo
occorrente: una ciotola, una padella con il fondo spesso, un foglio di carta da forno

130 g di semi di zucca

3 cucchiai di zucchero di canna chiaro

1 cucchiaino e ½ di cumino in polvere

¾ di cucchiaino di peperoncino di Cayenna

1 cucchiaino e ½ di paprica dolce

Mescolate tutti gli ingredienti nella ciotola. Scaldate un cucchiaino di olio di semi nella padella e versateci il composto. Cuocete per 1-2 minuti, mescolando continuamente finché lo zucchero caramella e i semi di zucca iniziano a scoppiettare. Distribuite quindi i semi sul foglio di carta da forno e lasciateli raffreddare.

popcorn AL PARMIGIANO

per 4 persone come aperitivo / preparazione: 5 minuti
occorrente: una grattugia, una padella piccola, una padella grande
con il fondo spesso e il coperchio

30 g di parmigiano reggiano

30 g di burro salato

50 g di mais per popcorn

Grattugiate il parmigiano. Sciogliete il burro nella padella piccola. Versate i chicchi di mais nella padella grande con un cucchiaio di olio di semi. Mescolate per condirli e poi mettete il coperchio.

Scaldate il mais a fuoco vivo. Quando i chicchi iniziano a scoppiare, togliete la padella dal fuoco per un minuto, senza sollevare il coperchio, quindi rimettetela sul fuoco. Scuotete la padella mentre i chicchi di mais scoppiano. Quando lo scoppiettio diminuisce, dopo circa 2 minuti, togliete dal fuoco e aspettate un minuto. Aggiungete il parmigiano, il burro sciolto, un pizzico di sale e mescolate. Servite i popcorn tiepidi.

CHIPS DI *cavolo riccio*

per 4 persone come aperitivo / preparazione: 10 minuti + 5 minuti di riposo
occorrente: un'insalatiera e una ciotola, una teglia rivestita con carta da forno

100 g di foglie di cavolo riccio

½ cucchiaino di paprica affumicata

1 cucchiaino di zucchero semolato

Preriscaldate il forno a 180 °C. Eliminate i gambi più spessi del cavolo, tagliate le foglie a pezzetti e mettetele nell'insalatiera, aggiungete un cucchiaio di olio d'oliva e mescolate con le dita per condirle bene.

Mescolate nella ciotola lo zucchero, la paprica e mezzo cucchiaino di fior di sale. Versate la miscela sul cavolo, un po' per volta, mescolando bene. Stendete le foglie di cavolo sulla teglia e infornatele per 5 minuti finché iniziano a dorarsi sui bordi. Lasciate raffreddare le chips per 5 minuti in modo che risultino croccanti prima di servirle.

APERITIVI E FINGER FOOD

peperoni VERDI AL SHICHIMI

per 4 persone come aperitivo / preparazione: 8 minuti
occorrente: una padella grande con il fondo spesso, carta da cucina

shichimi per spolverare

250 g di peperoni verdi o friarielli

Lavate i peperoncini verdi e asciugateli bene. Scaldate 50 ml di olio d'oliva nella padella: quando è ben caldo, aggiungete i peperoni con delicatezza, girandoli per ricoprirli d'olio. Cuoceteli per 3-4 minuti, mescolando, finché iniziano ad aprirsi e la pelle si scurisce qua e là. Non cuoceteli più del necessario. Asciugateli sulla carta da cucina e serviteli subito, spolverati di shichimi, una miscela di spezie giapponese in vendita nei negozi di alimentari asiatici. Ricordate che alcune varietà di peperoni verdi sono molto piccanti.

APERITIVI E FINGER FOOD

TEGOLE DI *parmigiano*

*per 4 persone come aperitivo / preparazione: 5 minuti + 5 minuti di riposo
occorrente: una grattugia, una ciotola,
una teglia rivestita con carta da forno, una griglia*

50 g di parmigiano reggiano

1 cucchiaino di semi di papavero

APERITIVI E FINGER FOOD

Preriscaldate il forno a 200 °C. Grattugiate finemente il parmigiano nella ciotola, aggiungete i semi di papavero e mescolate bene. Versate alcune cucchiaiate colme di composto sulla piastra e appiattitele con il dorso di un cucchiaio.

Infornate per circa 3 minuti finché le tegole diventano dorate. Lasciatele sulla teglia per qualche minuto e poi fatele scivolare sopra la griglia perché si raffreddino e si induriscano.

CHIPS DI *piadina* ALL'AGLIO

per 16 chips / preparazione: 8 minuti + 5 minuti di riposo
occorrente: una teglia, uno spremiaglio, una ciotola, un pennello

2 spicchi d'aglio pelati

2 piadine

Preriscaldate il forno a 200 °C e infornate la teglia. Nel frattempo schiacciate l'aglio sopra la ciotola, aggiungete un cucchiaio di olio d'oliva e mescolate. Spennellate le piadine con l'olio all'aglio sui due lati e spolverate con il fior di sale. Tagliate ogni piadina in **8 triangoli**.

Togliete la teglia dal forno e adagiatevi i triangoli di piadina. Infornate per **5-6 minuti** finché le chips diventano leggermente dorate. Fatele scivolare sopra una griglia perché si raffreddino e induriscano.

MOUSSE DI *merluzzo*

per 4 persone / preparazione: 5 minuti
occorrente: una ciotolina, un robot da cucina o un frullatore

100 ml di olio extravergine d'oliva

200 g di uova di merluzzo affumicato

100 ml di latte

60 g di pane bianco raffermo

60 ml di succo di limone

Dopo aver eliminato la crosta, tagliate il pane a pezzetti e mettetelo nella ciotolina. Versateci il latte e lasciate che il pane lo assorba.

Mettete le uova di merluzzo nella ciotola del robot da cucina con il pane imbevuto di latte e frullate finché il composto diventa cremoso.

Senza fermare il frullatore, incorporate lentamente l'olio d'oliva e poi il succo di limone. Assaggiate e aggiungete altro succo o un po' d'acqua se la mousse vi sembra troppo densa. Servite accompagnando con bastoncini di carota e qualche fetta di pane casereccio.

guacamole VELOCE

per 4 persone come aperitivo / preparazione: 5 minuti
occorrente: una ciotola, uno spremiaglio

tabasco

2 avocado ben maturi

1 pomodoro maturo

1 spicchio d'aglio pelato

1 cucchiaio di succo di lime

Mettete la polpa degli avocado nella ciotola e schiacciatela grossolanamente con una forchetta. Spremete lo spicchio d'aglio sopra la ciotola, aggiungete il succo di lime, il sale, il pepe e il tabasco (a piacere). Mescolate.

Sminuzzate il pomodoro e incorporatelo delicatamente al composto. Assaggiate e aggiungete, se necessario, sale, pepe, succo di lime o tabasco. Servite il guacamole per accompagnare verdure crude tagliate a fettine o a pezzetti.

CREMA DI *fagioli* NERI E SALSA HARISSA

per 4 persone come aperitivo / preparazione: 5 minuti
occorrente: un robot da cucina, una ciotola

200 g di fagioli neri

un po' di succo di lime

1 cucchiaino di salsa harissa

1 manciata piccola di foglie di coriandolo + qualcuna per decorare

Sgocciolate i fagioli tenendo da parte il liquido di conserva. Frullateli nella ciotola del robot da cucina con il coriandolo, la salsa harissa, il succo di lime e 2 cucchiai di olio d'oliva. Aggiungete 1-2 cucchiai del liquido di conserva dei fagioli e frullate fino a ottenere la consistenza desiderata. Salate, pepate, assaggiate e aggiungete un goccio di succo di lime, se necessario.

Versate il composto nella ciotola e cospargete con foglie di coriandolo. Servite accompagnando con spicchi di lime e chips di mais.

MOUSSE DI *fave* AL SESAMO

per 4 persone come antipasto / preparazione: 10 minuti
occorrente: una casseruola, un frullatore o un robot da cucina

- 4 spicchi d'aglio
- ½ cucchiaino di salsa di soia
- 1 cucchiaino di olio di sesamo
- 2 cucchiai di succo di lime
- 500 g di fave surgelate

Portate a ebollizione l'acqua nella casseruola. Nel frattempo pelate gli spicchi d'aglio. Quando bolle, cuocete le fave con gli spicchi d'aglio per circa 4 minuti finché diventano tenere, quindi scolatele. Mettetele nella ciotola del robot da cucina o del frullatore, aggiungete l'olio di sesamo, il succo di lime e la salsa di soia.

Mentre frullate, versate circa 200 ml di acqua fredda perché il composto diventi cremoso e soffice. Salate e pepate.
Questa salsa può accompagnare verdure crude tagliate a pezzetti.

BRUSCHETTA CLASSICA AL *pomodoro* E BASILICO

per 4 bruschette / preparazione: 10 minuti
occorrente: una teglia, una ciotola

4 pomodori maturi

4 fette di baguette tagliate in obliquo

1 spicchio d'aglio

8 foglie di basilico

Scaldate il grill del forno alla massima temperatura. Adagiate le fette di pane sulla teglia, conditele con un filo di olio d'oliva e doratele sui due lati. Nel frattempo, tagliate i pomodori a dadini, tagliuzzate il basilico e mescolate nella ciotola con un cucchiaio di olio d'oliva, sale e pepe.

Pelate l'aglio, tagliatelo a metà e strofinatelo sulle fette di pane tostato. Guarnite con i dadini di pomodoro. Questa ricetta è ottima anche con il pane casereccio.

VARIAZIONI SUL TEMA DELLA *bruschetta*

per 4 bruschette
ecco alcune idee originali da realizzare a partire dalla ricetta
della bruschetta al pomodoro e basilico alle pagine 32-33

- 1 mazzetto di erbe fresche miste (basilico, origano, erba cipollina, timo, prezzemolo...)
- olio d'oliva
- 1 melanzana
- 3 cucchiai di yogurt bianco
- ½ cucchiaino di peperoncino di Cayenna
- 8 cucchiai di formaggio di capra fresco
- 1 spicchio d'aglio

APERITIVI E FINGER FOOD

MELANZANE GRIGLIATE CON SPEZIE E YOGURT

Tagliate la melanzana a dadini e saltateli in 2 cucchiai di olio d'oliva. Aggiungete il peperoncino di Cayenna, salate, pepate e cuocete finché diventano teneri, mescolando. Nel frattempo, pelate e schiacciate l'aglio e unitelo allo yogurt bianco. Disponete i dadini di melanzana sulle fette di baguette tostate e aggiungete una cucchiaiata di yogurt all'aglio.

FORMAGGIO DI CAPRA ALLE ERBE

Tritate finemente le erbe e mescolatele con il formaggio di capra finché il composto diventa cremoso. Tostate le fette di baguette, strofinatele con l'aglio e spalmatele generosamente con il formaggio alle erbe.

1 manciata di olive nere

80 g di pasta di pomodori secchi

1 cucchiaio di capperi

4 cucchiai di burro

200 g di funghi champignon

10 foglie di origano

2 spicchi d'aglio

POMODORI SECCHI, OLIVE E ORIGANO

Mescolate la pasta di pomodori secchi con le foglie di origano tritate e un filo di olio extravergine d'oliva. Tostate le fette di baguette, spalmatele con la pasta di pomodori secchi e guarnite con rondelle di olive nere.

CHAMPIGNON E CAPPERI

Tritate gli champignon e i capperi. Sminuzzate l'aglio, unitelo al composto e saltate tutto in padella con il burro per 5 minuti, mescolando; salate e pepate. Tostate le fette di baguette e guarnitele con i funghi.

VARIAZIONI SUL TEMA DELLA *bruschetta*

per 4 bruschette
ecco alcune idee originali da realizzare a partire dalla ricetta della bruschetta al pomodoro e basilico alle pagine 32-33

- foglie di menta fresca
- 1 peperoncino jalapeño (o altro di media piccantezza)
- un po' di succo di limone
- 1 cucchiaio di succo di lime
- 150 g di filetto di tonno
- 1 cucchiaino di pepe nero macinato al momento
- bocconcini di mozzarella per guarnire

MOZZARELLA E MENTA

In un mortaio o con un frullatore pestate o tritate le foglie di menta e il peperoncino. Aggiungete 3 cucchiai di olio d'oliva e un po' di succo di limone, quindi mescolate. Guarnite le fette di baguette con metà dei bocconcini di mozzarella e ricoprite con il composto di menta.

CARPACCIO DI TONNO E LIME

Scaldate una padella. Passate il tonno nel pepe macinato e scottatelo per 10 secondi su ogni lato, poi tagliatelo a fettine molto sottili. Sbattete il succo di lime con mezzo cucchiaio di olio d'oliva. Adagiate le fettine di tonno sulle fette di baguette tostate, guarnite con le erbe e la salsa al limone.

APERITIVI E FINGER FOOD

½ peperoncino rosso

ricotta

70 g di cavolo nero

1 cucchiaino di sherry secco

25 ml di panna da cucina

100 g di burro

2 spicchi d'aglio pelati

250 g di fegatini di pollo

CAVOLO NERO E AGLIO

Sminuzzate il cavolo e saltatelo in padella con 3 cucchiai di olio d'oliva per 2 minuti. Aggiungete l'aglio e il peperoncino tritati finemente. Salate e pepate generosamente. Cuocete per 5 minuti a fuoco dolce. Spalmate le fette di baguette tostate con la ricotta e guarnitele con il cavolo nero.

PATÉ DI FEGATINI DI POLLO

Saltate i fegatini di pollo in una padella con un cucchiaio di burro per 3 minuti. Frullateli con il burro rimasto, la panna, sale e pepe. Versate lo sherry, assaggiate e regolate di sale e pepe. Mettete in frigorifero per mezz'ora, poi spalmate il composto generosamente sulle fette di baguette tostate.

POLPETTE DI *pesce* E SALSA AL PEPERONCINO

per 12 polpette / preparazione: 10 minuti
occorrente: un robot da cucina, una padella con il fondo spesso

↘ 4 cipollotti

↘ 300 g di filetti di pesce bianco (merluzzo o nasello)

↑ salsa al peperoncino dolce per condire

↑ 1 cucchiaio di pasta di curry verde thai

↖ spicchi di lime

APERITIVI E FINGER FOOD

Tritate grossolanamente il pesce e i cipollotti e metteteli nella ciotola del robot da cucina. Aggiungete la pasta di curry e frullate finché il composto diventa omogeneo. Scaldate la padella.

Formate delle polpette e appiattitele. Scaldate 2 cucchiai di olio d'oliva nella padella e dorate le polpette a fuoco medio-alto per circa 2 minuti su ogni lato. Servitele calde, accompagnandole con la salsa al peperoncino dolce e spicchi di lime.

chorizo CARAMELLATO E FAGIOLI

*per 2 persone come antipasto o tapas / preparazione: 8 minuti
occorrente: una padella, un colino*

250 g di chorizo

2 cucchiai di miele

400 g di fagioli cannellini

1 cucchiaio di aceto di sherry

APERITIVI E FINGER FOOD

Scaldate un cucchiaino di olio d'oliva in una padella. Nel frattempo, spellate il chorizo e tagliatelo a rondelle spesse 1 cm. Cuocetele a fuoco medio-alto per 4 minuti finché diventano croccanti. Aggiungete l'aceto e il miele e mescolate finché il composto inizia a bollire.

Scolate i cannellini e sciacquateli. Abbassate il fuoco, aggiungeteli al chorizo e mescolate finché saranno ben caldi. Salate e pepate.

FRITTATA CON *zucchine* E TAGLIATELLE DI RISO

per 4 persone / preparazione: 10 minuti
occorrente: un'insalatiera, una padella antiaderente del diametro di 20 cm, un piatto grande

150 g di tagliatelle di riso

1 zucchina piccola di circa 120 g

50 g di cheddar o altro formaggio a pasta dura

3 uova

Rompete le uova in un'insalatiera. Grattugiate il formaggio, aggiungetelo alle uova e mescolate. Tagliate la zucchina a rondelle sottili e saltatele in padella per 2 minuti con 2 cucchiai di olio d'oliva finché diventano tenere. Aggiungete le tagliatelle e cuocete ancora per un minuto. Versate tutto nell'insalatiera e mescolate. Asciugate la padella, versate 2 cucchiai di olio d'oliva e poi il composto di uova e zucchina.

Cuocete a fuoco medio-alto finché la frittata sarà ben dorata sul lato inferiore e inizierà a rapprendersi in superficie. A questo punto rovesciatela su un piatto, fatela scivolare nuovamente nella padella e cuocetela ancora per circa un minuto. Servite subito.

formaggio di capra
TIEPIDO AL MIELE

per 2-4 persone / preparazione: 5 minuti
occorrente: una padella, un piatto poco profondo, una spatola, carta da cucina

4 cucchiai di miele

1 uovo

10 g di farina

4 cucchiai di pinoli

200 g di formaggio di capra fresco

APERITIVI E FINGER FOOD

Scaldate un fondo di 5 mm di olio d'oliva nella padella: deve essere bollente. Nel frattempo sbattete leggermente l'uovo nel piatto. Tagliate il formaggio di capra a rondelle spesse 1 cm e spolveratele di farina; scuotetele per eliminare la farina in eccesso.

Immergete le rondelle di formaggio nell'uovo e poi doratele nell'olio bollente per un minuto su ogni lato, finché diventano croccanti. Adagiatele sulla carta da cucina. Servite subito il formaggio con un filo di miele e cospargete con i pinoli.

HAMBURGER DI *formaggio* SPEZIATO

per 2 persone / preparazione: 6 minuti
occorrente: una padella grande, una ciotola, un pennello

2 ciabatte piccole

250 g di halloumi
(formaggio
di latte misto di
pecora e capra)

1 cucchiaio di
salsa harissa

2 pomodori
perini maturi

APERITIVI E FINGER FOOD

Scaldate 2 cucchiai di olio d'oliva nella padella. Nel frattempo mescolate la salsa harissa con un cucchiaio di olio d'oliva in una ciotola. Tagliate i pomodori a metà e l'halloumi in 8 fette.

Spennellate le fette di halloumi con la salsa harissa e l'olio e mettetele nella padella. Unite i pomodori con il lato tagliato rivolto verso il basso. Fate dorare l'halloumi per 1-2 minuti su ogni lato finché inizia a sciogliersi.

Distribuite 4 fette di formaggio e 2 mezzi pomodori su ogni panino. Guarnite con prezzemolo e maionese.

FOCACCINE *zucchine* E FETA

per 4 persone / preparazione: 10 minuti
occorrente: una padella grande con il fondo spesso, una grattugia,
un canovaccio pulito, un'insalatiera

1 cucchiaio e ½ di farina

1 manciata di foglie di menta

50 g di feta

1 zucchina piccola di circa 130 g

Scaldate la padella a fuoco medio-alto. Grattugiate la zucchina e avvolgetela nel canovaccio per eliminare l'acqua in eccesso. Tritate la menta finemente. Nell'insalatiera mescolate la zucchina, la menta, la farina, sale e pepe. Sminuzzate la feta e aggiungetela al composto incorporandola con le dita. Formate 4 focaccine compatte.

Versate 2 cucchiai di olio d'oliva nella padella e dorate le focaccine per 2 minuti su ogni lato, a fuoco medio-alto. Servitele calde, accompagnando con un'insalata verde.

melanzane PICCANTI

per 2 persone come contorno / preparazione: 10 minuti
occorrente: un grill o un barbecue, uno spremiaglio, una ciotola, un pennello

↙ **1 melanzana di circa 250 g**

1 spicchio d'aglio pelato ↘

4 cucchiai di salsa al peperoncino ↗

APERITIVI E FINGER FOOD

Scaldate il grill del forno alla massima potenza o preparate il barbecue. Nel frattempo schiacciate l'aglio nella ciotola e aggiungete la salsa al peperoncino, un cucchiaio di olio d'oliva, sale e pepe. Mescolate. Tagliate la melanzana a rondelle dello spessore di 3 mm. Spennellate i due lati con la salsa e cuocetele sotto il grill o sul barbecue per 1-2 minuti su ogni lato finché diventano tenere e dorate.

OMELETTE AI *porri* E FORMAGGIO FRESCO

per 1 persona / preparazione: 5 minuti
occorrente: una padella antiaderente piccola, 2 ciotole, una spatola

1 porro piccolo

50 g di formaggio di capra fresco

2 uova

1 cucchiaio di burro

APERITIVI E FINGER FOOD

Tritate il porro finemente e saltatelo in padella per 2 minuti in 2 cucchiai di olio d'oliva finché diventa tenero. Salate, pepate e mettete da parte in una ciotola.

Asciugate la padella, aggiungete il burro e scioglietelo a fuoco medio-alto.

Nel frattempo, sbattete le uova nell'altra ciotola, poi salate e pepate a piacere. Quando il burro comincia a sfrigolare, versate le uova sbattute e cuocetele per 25 secondi, senza mescolare. Con una spatola, ripiegate quindi i bordi della frittata verso il centro e inclinate la padella affinché l'uovo crudo si distribuisca sul fondo. Quando l'uovo sarà quasi rappreso, aggiungete il porro e il formaggio di capra sminuzzato su un lato e ripiegate l'omelette. Proseguite la cottura ancora per 30 secondi e poi fate scivolare l'omelette su un piatto. Servite subito accompagnando con un'insalata verde.

tofu CREMOSO E SALSA ORIENTALE

per 4 persone / preparazione: 5 minuti
occorrente: una ciotola, una frusta piccola o una forchetta, una grattugia

350 g di silk tofu (tofu cremoso)

3 cm di zenzero fresco

4 cucchiai di salsa di soia

1 cucchiaio di zucchero semolato

2 cucchiaini di brodo dashi in granuli

Sbattete nella ciotola la salsa di soia, lo zucchero, i granuli di dashi e 2 cucchiaini di acqua fredda finché lo zucchero si sarà sciolto.

Tagliate il tofu a fettine molto sottili. Grattugiate o tritate finemente lo zenzero. Servite le fettine di tofu guarnite con lo zenzero e la salsa.

TARTINE CON *asparagi* E PARMIGIANO

per 2 persone / preparazione: 5 minuti
occorrente: una grattugia, una ciotola, un pelapatate

un po' di succo di limone

6 punte di asparagi

50 g di parmigiano reggiano

2 fette di pane casereccio

APERITIVI E FINGER FOOD

Grattugiate il parmigiano molto finemente nella ciotola. Unite 2 cucchiai di olio extravergine d'oliva e il succo di limone. Mescolate finché l'impasto diventa omogeneo.

Mondate gli asparagi e tagliateli a nastro con il pelapatate.

Spalmate il composto di parmigiano sulle fette di pane, aggiungete gli asparagi e pepate generosamente.

VARIAZIONI SUL TEMA DELLE *tartine*

per 2 persone
ecco alcune idee originali da realizzare a partire dalla ricetta
delle tartine con asparagi e parmigiano alle pagine 56-57

4 cucchiai di tapenade verde

qualche cetriolino

130 g di piselli surgelati

2 cucchiai di panna da cucina

prosciutto crudo

un po' di succo di limone

TAPENADE VERDE E PROSCIUTTO

Spalmate la tapenade su 2 fette grandi di pane casereccio. Aggiungete qualche fetta di prosciutto crudo e i cetriolini tagliati a pezzetti.

CREMA DI PISELLI E MENTA

Cuocete i piselli per 3 minuti in acqua bollente. Scolateli e mescolateli con la panna, il succo di limone e un filo di olio d'oliva, quindi schiacciateli. Salate e pepate. Spalmate il composto su 2 fette di pane casereccio. Cospargete con foglie di menta fresca tritate.

1 cucchiaio
di capperi

1 cipolla rossa
piccola

3 cucchiai
di panna
da cucina

2 cucchiai
di ricotta

2 cucchiaini
di miele

1 mela

200 g di tonno
sott'olio (150 g
sgocciolati)

1 cucchiaio
e ½ di senape

PATÉ DI TONNO

Mettete il tonno in un'insalatiera con la cipolla tritata, i capperi sminuzzati finemente, la senape, la panna e 2 cucchiai di olio extravergine d'oliva. Schiacciate il composto con la forchetta, salate, pepate e poi spalmatelo su 2 fette di pane casereccio. Condite con un filo di olio d'oliva.

RICOTTA, MELA E MIELE

Spalmate la ricotta su 2 fette di pane casereccio. Sbucciate la mela, togliete il torsolo, tagliatela a fettine. Disponete le fette di mela sopra la ricotta e versateci il miele.

VARIAZIONI SUL TEMA DELLE *tartine*

per 2 persone
ecco alcune idee originali da realizzare a partire dalla ricetta delle tartine con asparagi e parmigiano alle pagine 56-57

- 1 manciata di ravanelli
- 125 g di formaggio di capra fresco
- semi misti per guarnire
- ½ cucchiaio di succo di limone
- 100 g di hummus
- un po' di succo di limone
- 1 spicchio d'aglio
- 1 cucchiaio di erba cipollina
- foglie di coriandolo per decorare
- 2 cucchiaino di scorza di limone grattugiata finemente

FORMAGGIO DI CAPRA, ERBA CIPOLLINA E RAVANELLO

Schiacciate il formaggio di capra con il succo di limone, l'erba cipollina tritata, l'aglio schiacciato e il pepe nero macinato al momento. Spalmate il composto su 2 fette di pane e guarnite con fettine sottilissime di ravanello e fior di sale.

HUMMUS AL LIMONE, SEMI E CORIANDOLO

Mescolate l'hummus con il succo e la scorza di limone. Spalmatelo su 2 fette di pane casereccio e cospargete con i semi e le foglie di coriandolo.

125 g di fagioli cannellini in scatola (sgocciolati)

4 cucchiai di yogurt greco

un po' di succo di limone

qualche fetta di salmone affumicato

1 manciata di capperi

1 cucchiaio di aneto tritato

1 spicchio d'aglio pelato

qualche fettina di chorizo o di salame piccante

1 cucchiaio di formaggio fresco cremoso

CHORIZO E PURÈ DI FAGIOLI E AGLIO

Frullate i cannellini, l'aglio, lo yogurt e un cucchiaio di olio d'oliva finché il composto diventa cremoso. Salate e pepate generosamente. Spalmatelo su 2-4 fette di pane casereccio e guarnite con fettine di chorizo.

FORMAGGIO FRESCO CREMOSO, SALMONE AFFUMICATO E ANETO

Mescolate il formaggio con l'aneto. Spalmatelo su 2 fette grandi di pane casereccio. Guarnite con fettine di salmone affumicato, qualche cappero e un po' di succo di limone.

INSALATE
e zuppe

CARPACCIO DI *verdure*

*per 2 persone come antipasto / preparazione: 10 minuti
occorrente: una mandolina, un pelapatate*

Lavate e preparate il finocchio e i ravanelli e tagliateli a fettine sottilissime con la mandolina. Tagliate a nastro gli asparagi passando il pelapatate dalla base del gambo verso la punta.

Con una forchetta emulsionate il succo di limone con un cucchiaio di olio extravergine d'oliva. Salate e pepate. Disponete le verdure sui piatti e conditele con la vinaigrette.

6-8 punte di asparagi

1 finocchio

80 g di ravanelli

1 cucchiaio di succo di limone

INSALATE E ZUPPE

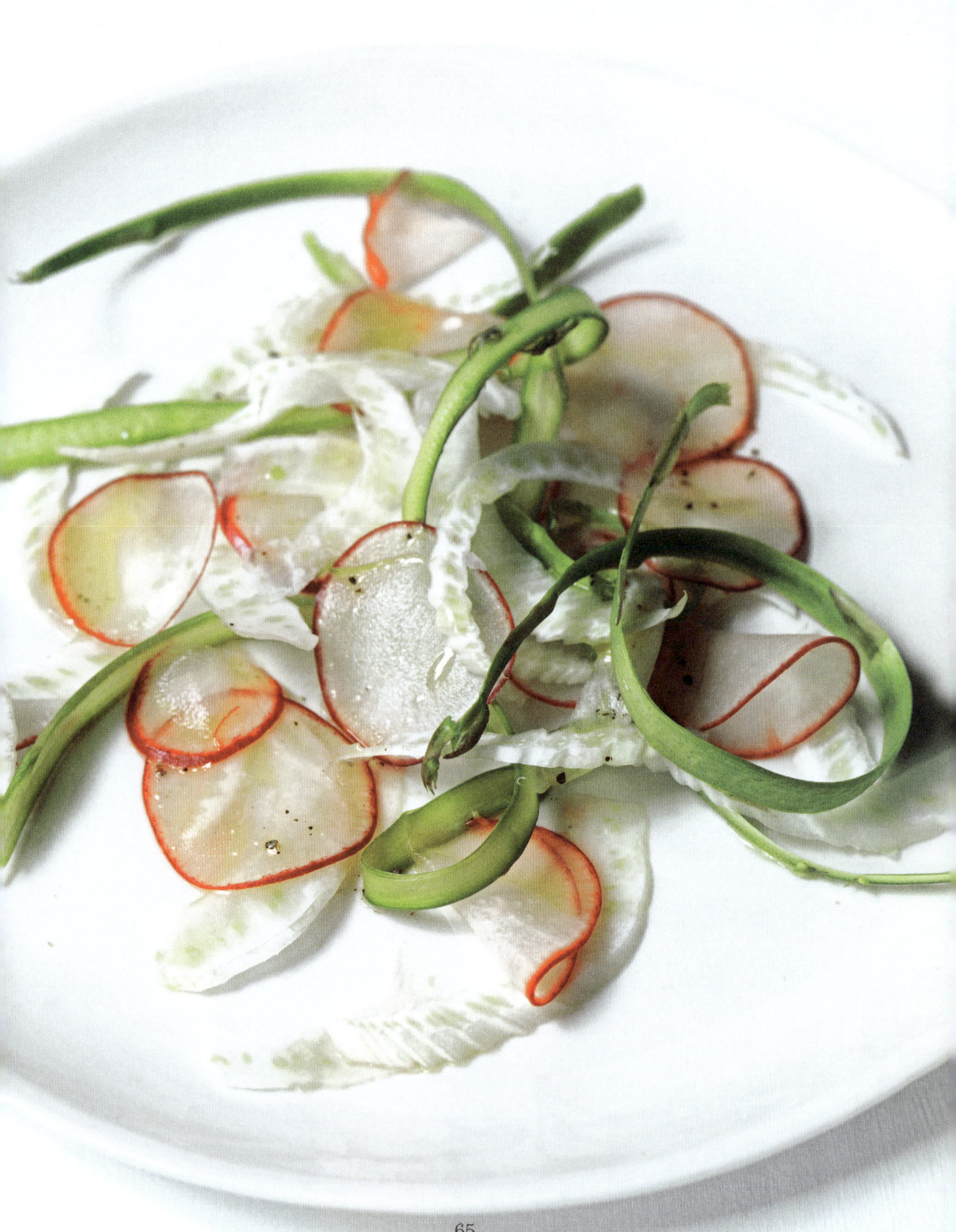

INSALATA DI *barbabietole*
E FORMAGGIO DI CAPRA

*per 2 persone come antipasto o come contorno / preparazione: 5 minuti
occorrente: una frusta, una ciotola*

4 barbabietole cotte

4 cucchiai di formaggio di capra fresco

1 cucchiaio di succo di limone

2-3 rametti di timo

INSALATE E ZUPPE

Mescolate con la frusta il succo di limone, 2 cucchiai di olio extravergine d'oliva, 2/3 delle foglie di timo, sale e pepe.

Tagliate le barbabietole in quarti. Conditele con 2/3 della vinaigrette, aggiungete il formaggio sbriciolato grossolanamente e poi versate la vinaigrette rimasta. Salate e pepate generosamente e terminate decorando con le foglie di timo rimaste.

INSALATA DI *broccoli*

per 4 persone come contorno / preparazione: 10 minuti
occorrente: una casseruola, un'insalatiera con acqua gelata,
una ciotola, un'insalatiera

2 cucchiai di aceto di riso

25 ml di succo di lime

1 pizzico di brodo dashi in granuli o in polvere

500 g di broccoli

1 cucchiaio di salsa di soia

Scaldate l'acqua in una casseruola. Nel frattempo, staccate le cimette dei broccoli in piccoli ciuffi. Salate abbondantemente l'acqua e sbollentate i broccoli per 2 minuti: devono restare un po' croccanti. Scolateli e immergeteli nell'acqua gelata per fermare la cottura.

In una ciotola, mescolate con la frusta la salsa di soia, l'aceto di riso, il succo di lime e il dashi. Aggiungete un po' di acqua fredda. Scolate i broccoli e conditeli bene con la salsa nell'insalatiera. Salate e pepate a piacere.

INSALATA TIEPIDA DI *cereali* E RADICCHIO ROSSO

per 2 persone / preparazione: 10 minuti
occorrente: 2 ciotole, una padella grande

250 g di cereali cotti (quinoa, farro o un misto)

1 cucchiaio di succo di limone + un po' per condire

150 g di radicchio rosso

60 g di mirtilli rossi, ciliegie o uvetta (essiccati)

½ cucchiaino di senape

Portate a ebollizione l'acqua. Nel frattempo tagliate il radicchio.
In una ciotola preparate la vinaigrette emulsionando con la frusta il succo
di limone, la senape, 2 cucchiai di olio extravergine d'oliva, sale e pepe.

Versate la frutta secca nell'altra ciotola, copritela con l'acqua bollente
e mettetela da parte. Scaldate 2 cucchiai di olio d'oliva nella padella,
aggiungete i cereali e il radicchio e saltateli a fuoco dolce finché
i cereali si scaldano e il radicchio si ammorbidisce, poi togliete
dal fuoco. Sgocciolate la frutta secca, aggiungetela ai cereali e condite
con la vinaigrette. Prima di servire, cospargete con il fior di sale
e qualche goccia di succo di limone.

INSALATA DI *indivia* E PANCETTA

per 2 persone / preparazione: 6 minuti
occorrente: una padella piccola, un'insalatiera

150 g di indivia

60 g di pancetta tagliata a cubetti

2 cucchiai di aceto di vino rosso

1 cucchiaio di senape

30 g di cetriolini

INSALATE E ZUPPE

Tagliate i cetriolini a pezzetti e scaldate la padella a fuoco vivo.

Versate 3 cucchiai di olio extravergine d'oliva nell'insalatiera, aggiungete la senape, salate, pepate e mescolate. Unite i cetriolini e le foglie di indivia, senza mescolare.

Soffriggete la pancetta in poche gocce di olio d'oliva per 3 minuti, finché diventa croccante. Versate l'aceto, mescolate e lasciate sul fuoco per 30 secondi. Aggiungete la pancetta e il sugo di cottura sull'insalata e mescolate bene.

INSALATA *libanese*
FATTOUCHE

per 2 persone / preparazione: 8 minuti
occorrente: un'insalatiera

1 cetriolo piccolo di circa 150 g

2 pomodori maturi

1 cucchiaio di succo di limone

1 pita o 1 piadina

1 cucchiaino di sommacco

Scaldate il grill del forno e tostate la pita finché diventa dorata e croccante. Nel frattempo, con la frusta emulsionate direttamente nell'insalatiera il succo di limone, un cucchiaio di olio extravergine d'oliva, sale e pepe.

Tagliate a pezzetti i pomodori, il cetriolo e il pane. Metteteli nell'insalatiera, spolverate con il sommacco, assaggiate per regolare il condimento e mescolate delicatamente.

FICHI E *spinaci* IN INSALATA

per 2 persone / preparazione: 5 minuti
occorrente: un'insalatiera

↘ **60 g di spinacini**

↘ **1 cucchiaio e ½ di salsa harissa**

↖ **1 cucchiaio di succo di limone**

↘ **4 fichi maturi**

Nell'insalatiera sbattete la salsa harissa con il succo di limone, un cucchiaio e mezzo di olio extravergine d'oliva e un cucchiaio di acqua fredda. Salate e pepate a piacere.

Tagliate i fichi in quarti per la lunghezza e metteteli nell'insalatiera con gli spinaci. Mescolate delicatamente per condire bene gli spinaci.

INSALATA DI *erbe fresche*

per 2 persone come antipasto o come contorno / preparazione: 3 minuti
occorrente: un'insalatiera

alcune noci tritate

un po' di succo di limone

50 g di erbe fresche miste o germogli (prezzemolo, menta, basilico, amaranto, rucola, germogli di piselli, coriandolo, cime di ravanello...)

olio di noci per condire

INSALATE E ZUPPE

Mescolate le erbe o i germogli con le noci nell'insalatiera. Condite con l'olio di noci e il succo di limone. Salate, pepate, mescolate delicatamente e cospargete con altre noci tritate prima di servire.

CAPRESE DI *mozzarella*, POMODORI E BASILICO

per 2 persone come portata principale (o 4 persone come antipasto)
preparazione: 3 minuti
occorrente: un piatto per servire

3 pomodori insalatari ↓

2 mozzarelle da 250 g ↓

10 foglie di basilico ↓

Tagliate i pomodori a rondelle sottili e le mozzarelle a fettine di 2-3 mm e disponete gli ingredienti sul piatto. Spolverate con il fior di sale e il pepe nero macinato al momento e aggiungete qualche foglia di basilico. Versate un filo di olio extravergine d'oliva prima di servire.

VARIAZIONI SUL TEMA DELLA *caprese*

*per 2 persone come portata principale (o 4 persone come antipasto)
ecco alcune idee originali da realizzare a partire dalla ricetta
della caprese di mozzarella, pomodori e basilico alle pagine 80-81*

olio extravergine d'oliva

1 cucchiaio di aceto balsamico

4 fichi

6 fette di prosciutto crudo

9 punte di asparagi sottili

INSALATE E ZUPPE

CRUDO, MOZZARELLA E FICHI

Disponete sul piatto i fichi tagliati a metà per la lunghezza, le fette di prosciutto crudo, 2 mozzarelle tagliate a fettine e 10 foglie di basilico. Emulsionate l'olio extravergine d'oliva con l'aceto balsamico e condite.

CAPRESE E ASPARAGI GRIGLIATI

Mentre preparate la caprese, scaldate il grill. Condite le punte degli asparagi con l'olio e grigliatele per 4-6 minuti, girandole regolarmente finché sono tenere. Adagiate gli asparagi sul piatto con la caprese e condite con olio extravergine d'oliva.

1 cucchiaio di capperi

3 filetti di acciughe sott'olio

1 avocado maturo

1 manciata di germogli di piselli

½ spicchio d'aglio pelato

ACCIUGHE E CAPPERI

Preparate la caprese senza il basilico. Unite i filetti di acciughe, l'aglio e i capperi tritati con 4 cucchiai di olio extravergine d'oliva e disponeteli sulla caprese.

AVOCADO E GERMOGLI DI PISELLI

Preparate la caprese sostituendo però il basilico con un avocado maturo tagliato a fettine e germogli di piselli.

JULIENNE DI *carote* E BARBABIETOLE

per 2 persone / preparazione: 10 minuti
occorrente: una mandolina o un robot da cucina, un'insalatiera

2 carote grandi

2 cucchiai di panna da cucina

2 cucchiai di maionese

3 cucchiai di zaatar (miscela di spezie mediorientali)

200 g di barbabietole crude

INSALATE E ZUPPE

Pelate le carote e le barbabietole e tagliatele a julienne con una mandolina o con un robot da cucina. Mettetele nell'insalatiera con la maionese, la panna e lo zaatar e mescolate. Salate e pepate generosamente. Servite subito o mettete in frigorifero perché si sprigionino i sapori.

ceci IN INSALATA

per 2 persone / preparazione: 5 minuti
occorrente: un'insalatiera, un colino

1 cipolla rossa sbucciata

1 mazzetto di prezzemolo

400 g di ceci in scatola

1 cucchiaino di cumino in polvere

1 cucchiaio di succo di limone

INSALATE E ZUPPE

Tritate la cipolla finemente, mettetela nell'insalatiera con il succo di limone e un pizzico abbondante di fior di sale. Mescolate e mettete da parte. Tritate grossolanamente le foglie di prezzemolo e aggiungetele alla cipolla.

Scolate i ceci e sciacquateli con cura per eliminare il più possibile l'acqua in eccesso. Metteteli nell'insalatiera e aggiungete il cumino a piacere, il pepe nero macinato al momento e un cucchiaio di olio extravergine d'oliva. Mescolate, assaggiate e regolate con sale, pepe e succo di limone.

couscous DI PRIMAVERA

per 4 persone come contorno / preparazione: 10 minuti
occorrente: un'insalatiera resistente al calore

↙ **100 g di feta**

1-2 cucchiai di succo di limone ↓

150 g di couscous ↘

100 g di piselli surgelati ↗

1 mazzetto di menta ↗

INSALATE E ZUPPE

Portate a ebollizione mezzo litro d'acqua. Nel frattempo tritate finemente le foglie di menta e tagliate la feta a pezzetti.

Versate il couscous nell'insalatiera, aggiungete l'acqua bollente, i piselli e un pizzico abbondante di sale. Mescolate, coprite con la pellicola e lasciate riposare per 5 minuti.

Aggiungete la menta, un cucchiaio di olio extravergine d'oliva, un cucchiaio di succo di limone, il sale, il pepe e poi sgranate il couscous con la forchetta. Mescolate, assaggiate e regolate di sale e pepe, poi aggiungete il succo di limone. Unite la feta e servite.

CUORI DI *lattuga* ROMANA GRIGLIATI

*per 2 persone / preparazione: 10 minuti
occorrente: un grill o una padella con il fondo spesso,
uno spremiaglio, un pennello,
un piatto per servire*

75 g di pomodori ciliegini

2 cuori di lattuga romana

2 cucchiai di dukkah (miscela di mandorle nocciole, cumino e coriandolo)

1 spicchio d'aglio pelato

1 cucchiaio di succo di limone

INSALATE E ZUPPE

Scaldate il grill del forno o una padella a fuoco vivo. Nel frattempo spremete l'aglio e mescolatelo con 3 cucchiai di olio extravergine d'oliva, il succo di limone, sale e pepe. Mettete da parte.

Tagliate i cuori di lattuga a metà per la lunghezza, spennellate il lato tagliato con la vinaigrette all'aglio e dorateli per 2 minuti su ogni lato (prima quello tagliato). Adagiateli quindi sul piatto. Tagliate i pomodori a metà e adagiateli sull'insalata. Condite con la vinaigrette rimasta, spolverate con la dukkah e servite.

burrata CON PESCHE GRIGLIATE

per 4 persone / preparazione: 10 minuti
occorrente: una piastra rivestita con un foglio di alluminio, un piatto per servire

4 pesche mature

rucola

2 burrate da 200 g ciascuna

1 cucchiaio di aceto balsamico

INSALATE E ZUPPE

Scaldate il grill del forno alla massima potenza. Tagliate le pesche a metà e togliete i noccioli. Tagliate ogni metà in due spicchi, adagiateli sulla piastra e grigliateli per 2 minuti su ogni lato.

Emulsionate 3 cucchiai di olio extravergine d'oliva con l'aceto balsamico, sale e pepe. Tagliate la burrata a fettine o sfilacciatela e disponetela sul piatto sopra le pesche grigliate. Aggiungete la rucola e condite con la vinaigrette. Servite subito.

VARIAZIONI SUL TEMA DELLA *burrata*

per 2 persone
ecco alcune idee originali da realizzare a partire dalla ricetta della burrata alle pagine 92-93

- 2 cucchiai di succo d'arancia
- 100 g di punte di asparagi
- 2 cucchiai di burro
- 2 spicchi d'aglio pelati
- 1 cucchiaio e ½ di semi di coriandolo
- 2 cucchiaiate di foglie di coriandolo tritate

ARANCIA E CORIANDOLO

Tostate i semi di coriandolo senza condimento in una padella calda per 2 minuti. Pestateli leggermente in un mortaio. Mescolate il coriandolo tritato con il succo d'arancia e 2 cucchiai di olio d'oliva. Aggiungete i semi di coriandolo. Tagliate o sfilacciate la burrata e conditela con la salsina.

ASPARAGI E BURRO ALL'AGLIO

Tritate l'aglio finemente. In una padella saltate le punte di asparagi a fuoco vivo con un cucchiaio di olio d'oliva per 2-3 minuti. Abbassate il fuoco, aggiungete l'aglio e il burro e cuocete ancora un minuto. Sfilacciate la burrata e servitela con gli asparagi e la salsina.

INSALATE E ZUPPE

FAVE E MENTA

Cuocete le fave in acqua bollente salata per 4 minuti. Nel frattempo in una ciotolina emulsionate con la frusta 3 cucchiai di olio extravergine d'oliva con il succo di limone, le foglie di menta tritate finemente, sale e pepe. Scolate le fave, sciacquatele in acqua fredda e conditele con la vinaigrette alla menta. Sfilacciate 200 g di burrata, aggiungete le fave e condite il tutto con la vinaigrette.

- 100 g di fave surgelate
- 1 cucchiaio di succo di limone
- 2 cucchiai di scorza di limone grattugiata finemente
- 10 foglie di menta
- 30 g di pangrattato
- 2 cucchiai di foglie di origano sminuzzate
- 2 spicchi d'aglio pelati

PANGRATTATO ALL'ORIGANO

Scaldate un cucchiaio di olio extravergine d'oliva in una padella e dorate il pangrattato e l'aglio pestato per 2 minuti a fuoco medio. Trasferite il pangrattato in un'insalatiera, aggiungete l'origano e la scorza di limone. Sfilacciate 200 g di burrata. Cospargete con il pangrattato all'origano e condite con olio extravergine d'oliva.

CREMA DI *peperoni*

per 2 persone / preparazione: 10 minuti
occorrente: una padella con il fondo spesso, un frullatore

↘ **250 g di peperoni grigliati sott'olio sgocciolati + 2 cucchiai di olio di conserva**

↘ **1 cipolla sbucciata**

↙ **2 spicchi d'aglio pelati**

↖ **5 foglie di basilico**

↗ **400 ml di brodo vegetale preparato con il dado**

INSALATE E ZUPPE

Portate a ebollizione 400 ml d'acqua. Tritate grossolanamente l'aglio e la cipolla. Scaldate 2 cucchiai dell'olio di conserva nella padella e soffriggete aglio e cipolla a fuoco dolce per 5 minuti. Nel frattempo tritate grossolanamente i peperoni, quindi aggiungeteli nella padella e mescolate.

Versate l'acqua bollente nella padella e aggiungete il dado a piacere. Mescolate, salate e pepate.

Versate il composto nel frullatore, aggiungete il basilico e frullate fino a ottenere la consistenza desiderata. Se necessario, aggiungete un po' d'acqua bollente, sale o pepe. Servite la zuppa calda o fredda, accompagnata da pane e burro.

RAMEN AL *manzo* PICCANTE

per 2 persone / preparazione: 10 minuti
occorrente: un grill, una casseruola

mezzo litro di brodo di manzo preparato con il dado

salsa sriracha o altra salsa piccante

120 g di noodles

250 g di controfiletto o costata di manzo

2 cipollotti

INSALATE E ZUPPE

Scaldate mezzo litro d'acqua nella casseruola. Accendete il grill alla massima potenza. Nel frattempo, tritate finemente i cipollotti. Massaggiate la carne con un po' di olio di semi, salate e pepate generosamente. Quando l'acqua bolle aggiungete il dado, a piacere; immergete nel brodo i cipollotti, i noodles e la salsa sriracha. Mescolate e lasciate sobbollire.

Cuocete a piacere la carne sul grill per 3-4 minuti, girandola ogni 30 secondi. Avvolgetela nell'alluminio e lasciatela riposare. Versate la zuppa nelle ciotole e aggiungete la carne tagliata a fettine.

ZUPPA VEGANA DI *miso* E TOFU

per 2 persone / preparazione: 6 minuti
occorrente: una casseruola, una ciotola

- 2 cucchiaini di brodo dashi in granuli o in polvere
- 100 g di silk tofu (tofu cremoso)
- 2 cucchiai di pasta di miso
- 2 cipollotti

INSALATE E ZUPPE

Portate a ebollizione mezzo litro d'acqua nella casseruola. Nel frattempo tritate finemente i cipollotti e tagliate il tofu a cubetti di 1 cm di lato.

Quando l'acqua bolle, aggiungete il dashi. Scaldate a fuoco medio, mescolando finché i granuli si saranno sciolti completamente. Aggiungete i cipollotti e il tofu e lasciate sobbollire per un minuto.

Mettete la pasta di miso nella ciotola, aggiungete 2 cucchiai di brodo e mescolate vigorosamente. Versate il tutto nella casseruola e mescolate bene. Servite subito.

VELLUTATA DI *piselli* E PROSCIUTTO ARROSTO

per 4 persone / preparazione: 6 minuti
occorrente: una casseruola grande, un frullatore, 4 ciotole

- 400 g di piselli surgelati
- 3 cucchiai di panna da cucina
- 100 g di prosciutto arrosto
- 600 ml di brodo di pollo preparato con il dado

INSALATE E ZUPPE

Portate a ebollizione 600 ml d'acqua nella casseruola, aggiungete il dado e poi i piselli. Lasciate sobbollire per 4 minuti. Nel frattempo, tagliate il prosciutto arrosto a striscioline.

Versate il contenuto della casseruola nel frullatore e aggiungete metà del prosciutto. Frullate finché il composto diventa soffice. Se vi sembra troppo denso, aggiungete un po' d'acqua.

Rimettete la zuppa nella casseruola, aggiungete la panna e scaldate, mescolando. Salate, pepate e servite nelle ciotole, guarnendo con il prosciutto rimasto.

VELLUTATA DI FAGIOLI ROSSI *piccante*

per 2 persone / preparazione: 5 minuti
occorrente: un frullatore, una casseruola

400 g di fagioli rossi in scatola

200 g di polpa di pomodori

½ cucchiaino di cumino in polvere

2 cucchiaini di pasta di peperoncino jalapeño o 1 cucchiaino di paprica affumicata

200 ml di brodo di manzo preparato con il dado

INSALATE E ZUPPE

Scaldate 200 ml d'acqua nella casseruola. Versate tutti gli ingredienti nel frullatore, aggiungete l'acqua bollente e frullate finché il composto diventa cremoso. Versatelo nella casseruola e scaldate a fuoco medio.

CREMA AL *cavolfiore* E GARAM MASALA

per 4 persone / preparazione: 10 minuti
occorrente: una grattugia, una casseruola grande, un frullatore

450 g di cavolfiore

1 litro di brodo vegetale preparato con il dado

3 cucchiai di panna da cucina

1 cucchiaio di garam masala

INSALATE E ZUPPE

Portate a ebollizione un litro d'acqua. Nel frattempo grattugiate il cavolfiore. Scaldate 2 cucchiai di olio d'oliva nella casseruola, aggiungete il cavolfiore e il garam masala e cuocete a fuoco medio, mescolando per qualche minuto finché il cavolfiore diventa tenero senza scurirsi.

Quando l'acqua bolle, aggiungete il dado, mescolate e lasciate sobbollire per 5 minuti. Versate tutto nel frullatore e azionate finché il composto diventa cremoso. Rimettetelo nella casseruola, aggiungete la panna, salate, pepate e scaldate a fuoco dolce. Servite accompagnando con il pane.

CREMA DI
fagioli CANNELLINI

per 2 persone / preparazione: 5 minuti
occorrente: un frullatore, una casseruola

2 cucchiai di salsa tahina

800 g di fagioli bianchi in scatola (cannellini)

2 spicchi d'aglio pelati

1 litro di brodo vegetale preparato con il dado

1 cucchiaino di ras el-hanout (miscela di piante e spezie della cucina nordafricana)

INSALATE E ZUPPE

Portate a ebollizione 400 ml d'acqua nella casseruola. Scolate i fagioli e tenete da parte 2 cucchiai del liquido di conserva. Frullate i fagioli con 300 ml d'acqua bollente, il brodo vegetale, l'aglio, la salsa tahina, il ras el-hanout, 2 cucchiai di olio extravergine d'oliva e il liquido di conserva dei fagioli che avete tenuto da parte. Salate e pepate generosamente. Se vi sembra che la zuppa sia troppo densa, aggiungete un po' dell'acqua tenuta da parte.

Versate la zucca nella casseruola e scaldate a fuoco medio. Assaggiate, regolate il condimento e servite subito.

CREMA FREDDA DI *avocado*

per 2 persone come portata principale (o 4 persone come antipasto)
preparazione: 5 minuti
occorrente: un frullatore

150 g di mais dolce in scatola

tabasco a piacere

75 ml di succo di lime

2 avocado maturi

240 ml di latte di cocco

INSALATE E ZUPPE

Recuperate la polpa dell'avocado e mettetela nel frullatore con il mais, il latte di cocco, il succo di lime, il tabasco, 400 ml d'acqua fredda, sale e pepe in abbondanza. Frullate finché il composto diventa omogeneo e spumoso. Se vi sembra che sia troppo denso, aggiungete un po' d'acqua e assaggiate per regolare di sale e pepe.

Servite con cubetti di ghiaccio; se avete più tempo, mettete a raffreddare in frigorifero.

gazpacho RIVISITATO

*per 2-4 persone / preparazione: 10 minuti
occorrente: un'insalatiera, una ciotola, un frullatore,
un colino, cubetti di ghiaccio*

↙ 40 g di mandorle in scaglie

↙ 2 spicchi d'aglio pelati

↙ 80 g di pane bianco raffermo

↙ prosciutto serrano per accompagnare

↙ 1 kg di pomodori maturi

INSALATE E ZUPPE

Tagliate il pane a pezzetti, mettetelo nell'insalatiera e aggiungete un po' d'acqua fredda. Mettete da parte.

Tagliate i pomodori e l'aglio e frullateli insieme alle mandorle in scaglie finché il composto diventa molto soffice, poi filtratelo con un colino sopra un'insalatiera, premendo con il dorso di un cucchiaio.

Versate di nuovo il composto nel frullatore, eliminando i residui solidi. Aggiungete il pane imbevuto d'acqua, un cucchiaio e mezzo di olio extravergine d'oliva, mezzo cucchiaino di fior di sale e frullate.
Se vi sembra che il gazpacho sia troppo denso, aggiungete un po' d'acqua. Se avete tempo, mettetelo in frigorifero prima di servire oppure raffreddatelo con cubetti di ghiaccio. Guarnite le ciotole con il prosciutto tagliato a listarelle.

CREMA FREDDA
cetrioli E MENTA

per 2 persone / preparazione: 8 minuti
occorrente: una padella, un frullatore, 5 cubetti di ghiaccio
+ qualche altro per servire

4 cipollotti

5 foglie di menta

400 g di cetrioli

3 cucchiai di yogurt greco

1 spicchio d'aglio pelato

INSALATE E ZUPPE

Pelate i cetrioli e tagliateli a pezzetti. Tritate i cipollotti e l'aglio. Saltate i cetrioli, i cipollotti e l'aglio in una padella con 1-2 cucchiai di olio d'oliva per circa 2 minuti, finché diventano teneri. Aggiungete il fior di sale e il pepe nero macinato al momento.

Spostate tutto nel frullatore, aggiungete la menta, i 5 cubetti di ghiaccio e frullate per ottenere un composto della consistenza desiderata. Aggiungete lo yogurt e frullate nuovamente.
Servite la crema accompagnandola con qualche cubetto di ghiaccio.

minestra VERDURE E FUNGHI

per 4 persone / preparazione: 10 minuti
occorrente: una casseruola grande con il coperchio, uno spremiaglio

1,5 litri di brodo vegetale preparato con il dado

1 manciata di funghi champignon o porcini secchi

3 spicchi d'aglio pelati

1 porro medio

2 carote medie

INSALATE E ZUPPE

Scaldate 1,5 litri d'acqua con 2 cucchiai di olio d'oliva nella casseruola, a fuoco medio. Pelate le carote e tagliatele a dadini, mettetele nella casseruola e mescolate. Tritate il porro finemente e aggiungetelo alle carote, insieme all'aglio, dopo averlo schiacciato. Cuocete ancora per 2 minuti.

Quando l'acqua bolle, aggiungete il dado e i funghi. Mescolate e lasciate sobbollire per 5 minuti. Assaggiate e regolate di sale e pepe.

VARIAZIONI SUL TEMA DELLA
minestra VERDURE E FUNGHI

per 4 persone
ecco alcune idee originali da realizzare a partire dalla ricetta
della minestra verdure e funghi alle pagine 116-117

150 g di tagliatelle di riso

1 cucchiaino e ½ di salsa harissa

VERSIONE PICCANTE

Aggiungete la salsa harissa con il dado.

TAGLIATELLE DI RISO

Aggiungete le tagliatelle di riso con il dado e scaldatele molto bene.

400 g di fagioli neri, cannellini, borlotti o rossi, in scatola, scolati

2 cucchiai di pinoli tostati

2 cucchiai di prezzemolo tritato finemente

la scorza di 1 limone grattugiata finemente

GREMOLADA AI PINOLI

Mescolate il prezzemolo tritato, la scorza di limone e i pinoli tostati e tritati. Cospargete la zuppa con la gremolada prima di servire.

FAGIOLI

Aggiungete i fagioli insieme ai funghi. Assaggiate per regolare il condimento, tenendo presente che i fagioli richiedono molto sale e molto pepe.

PASTA
e sughi

SALSA CLASSICA
pomodoro E BASILICO

per 4 persone / preparazione: 10 minuti
occorrente: una padella con il fondo spesso, una casseruola grande, uno scolapasta

500 g di passata di pomodoro

400 g di maccheroni

1 manciata di foglie di basilico

2 spicchi d'aglio

Portate a ebollizione l'acqua nella casseruola. Quando bolle, salate e versate la pasta.

Nel frattempo pelate l'aglio, schiacciatelo e soffriggetelo in 2 cucchiai di olio d'oliva a fuoco medio nella padella finché inizia a dorarsi, poi eliminatelo con la schiumarola. Versate la passata nella padella e lasciate sobbollire, mescolando finché si riduce leggermente. Salate con il fior di sale e pepate generosamente. Tagliuzzate le foglie di basilico e unitele alla salsa. Scolate la pasta, aggiungetela nella padella, saltatela velocemente, mescolate e servite.

VARIAZIONI SUL TEMA DELLA SALSA CLASSICA *pomodoro* E BASILICO

per 4 persone
ecco alcune idee originali da realizzare seguendo la ricetta della salsa classica pomodoro e basilico alle pagine 122-123

¼ di cucchiaino di peperoncino in fiocchi (o più, se preferite)

40 g di olive nere

4 uova

1-2 cucchiaini di salsa al peperoncino chipotle, salsa sriracha o un'altra salsa piccante

4 filetti di acciughe sott'olio

HUEVOS RANCHEROS

Preparate la salsa al pomodoro della ricetta classica e incorporate la salsa piccante. Rompete le uova nella padella e cuocetele per 2 minuti a fuoco medio. Coprite, abbassate il fuoco e cuocete ancora per 1-2 minuti finché gli albumi saranno ben cotti ma i tuorli saranno ancora liquidi.

OLIVE, ACCIUGHE E PEPERONCINO

Preparate la salsa al pomodoro della ricetta classica e aggiungete le acciughe tritate insieme all'aglio, alle olive nere tritate e al peperoncino in fiocchi. Lasciate sobbollire per qualche minuto, aggiungete la pasta nella padella per condirla e poi servite.

2 zucchine

1 peperone rosso

olio extravergine d'oliva

100 g di pancetta affumicata o di chorizo

1 cucchiaio di timo tritato

2 spicchi d'aglio

RATATOUILLE SEMPLICE

Tritate le zucchine, il peperone e l'aglio e saltateli in padella con 2 cucchiai di olio d'oliva finché si ammorbidiscono. Unite 500 g di passata di pomodoro e seguite la ricetta classica, senza togliere l'aglio. Usate la salsa per condire la pasta o per accompagnare piatti a base di pesce.

CHORIZO O PANCETTA AFFUMICATA

Tritate il chorizo o la pancetta e soffriggeteli in un filo d'olio finché diventano croccanti sui bordi. Aggiungete l'aglio e cuocete ancora per un minuto. Unite 500 g di passata di pomodoro, il timo tritato, salate e pepate. Lasciate sobbollire per qualche minuto e poi condite la pasta.

TAGLIOLINI ALLA *carbonara*

per 2 persone / preparazione: 10 minuti
occorrente: una grattugia, una casseruola grande, un colino,
una padella, un'insalatiera

250 g di tagliolini all'uovo

100 g di pancetta affumicata

2 uova + 1 tuorlo

50 g di parmigiano reggiano + un po' per guarnire

Portate a ebollizione l'acqua nella casseruola. Quando bolle, salate e versate la pasta. Nel frattempo grattugiate il parmigiano sopra un'insalatiera e aggiungete le uova e il tuorlo. Amalgamate energicamente, salate e pepate.

Soffriggete la pancetta nella padella con un cucchiaio di olio d'oliva finché diventa croccante.

Scolate i tagliolini, aggiungeteli nella padella con un paio di cucchiai dell'acqua di cottura e mescolate bene. Unite le uova e saltate molto velocemente la pasta a fuoco dolce finché le uova e l'acqua di cottura non formano una salsa cremosa. Servite subito con il parmigiano grattugiato o a scaglie.

gnocchi PESTO E AVOCADO

per 2 porzioni abbondanti / preparazione: 6 minuti
occorrente: un frullatore o un robot da cucina, una casseruola grande,
un colino, una schiumarola

↙ **1 avocado maturo**

35 g di pinoli ↘

↙ **1 manciata di foglie di basilico**

500 g di gnocchi di patate ↙

1-2 spicchi d'aglio ↗

PASTA E SUGHI
128

Portate a ebollizione l'acqua nella casseruola. Nel frattempo preparate il condimento. Pelate gli spicchi d'aglio e metteteli nella ciotola del robot da cucina o nel frullatore. Aggiungete la polpa dell'avocado, i pinoli, il basilico, un cucchiaio e mezzo di olio extravergine d'oliva, sale e pepe. Frullate finché il composto diventa cremoso.

Quando l'acqua bolle, salatela e buttate gli gnocchi. Scolateli con una schiumarola appena vengono a galla, conditeli e aggiungete un filo di olio extravergine d'oliva. Servite subito.

TAGLIATELLE *ricotta* E LIMONE

*per 2 persone / preparazione: 5 minuti
occorrente: una grattugia, una casseruola grande,
una padella, uno scolapasta*

250 g di tagliatelle all'uovo

1 limone

150 g di ricotta

1 spicchio d'aglio pelato

1 manciatina di foglie di basilico

PASTA E SUGHI

Portate a ebollizione l'acqua nella casseruola. Quando bolle, salate e versate le tagliatelle.

Nel frattempo tritate l'aglio finemente, grattugiate la scorza del limone e mescolatela con la ricotta e un po' di succo di limone, finché il composto diventa cremoso. Soffriggete l'aglio in padella a fuoco dolce con un cucchiaio di olio d'oliva, finché sarà leggermente dorato, poi togliete dal fuoco. Scolate la pasta tenendo da parte un po' di acqua di cottura. Versate le tagliatelle nella padella e mescolate delicatamente, quindi unite la ricotta con un paio di cucchiai dell'acqua di cottura e cuocete a fuoco medio-basso perché la salsa si riduca leggermente. Salate e pepate generosamente. Guarnite con il basilico tagliuzzato e servite subito.

TAGLIOLINI *sardine*, PINOLI E UVETTA

per 2 persone / preparazione: 10 minuti
occorrente: uno spremiaglio, una padella, una casseruola grande, uno scolapasta

500 g di tagliolini all'uovo

25 g di uvetta ammollata

2 spicchi d'aglio pelati

25 g di pinoli

150 g di sardine sott'olio sgocciolate

Portate a ebollizione l'acqua nella casseruola. Quando bolle, salate e versate i tagliolini.

Nel frattempo spremete l'aglio e soffriggetelo a fuoco medio-alto in 2 cucchiai di olio di conserva delle sardine. Aggiungete le sardine e spezzettatele con un cucchiaio. Abbassate il fuoco, versate i pinoli e l'uvetta e mescolate. Unite i tagliolini scolati e girateli delicatamente, aggiungendo un po' d'acqua di cottura. Servite subito.

TAGLIOLINI *vongole* E DRAGONCELLO

per 4 persone / preparazione: 10 minuti
occorrente: 2 casseruole grandi (una con il coperchio), uno scolapasta

250 ml di vino bianco secco

500 g di tagliolini

1 kg di vongole intere, piccole

3 spicchi d'aglio pelati

2 cucchiai di foglie di dragoncello

Portate a ebollizione l'acqua nella casseruola. Quando bolle, salate e versate i tagliolini. Nel frattempo, tritate l'aglio finemente e soffriggetelo in una casseruola con 3 cucchiai di olio d'oliva, coperto. Aggiungete le vongole e il vino bianco. Coprite e cuocete per circa 4 minuti, scuotendo la casseruola finché le vongole si aprono (scartate quelle che rimangono chiuse). Unite i tagliolini con un paio di cucchiai di acqua di cottura, cospargete con il dragoncello tritato, sale e pepe. Mescolate delicatamente e servite subito.

PASTINA IN BRODO E *cavolo nero*

per 4 persone / preparazione: 10 minuti
occorrente: una casseruola grande con il fondo spesso

200 g di pomodori

750 ml di brodo vegetale preparato con il dado

200 g di risoni (o altro formato di pastina)

75 g di cavolo nero

1 cucchiaio di concentrato di pomodoro

Portate a ebollizione un litro d'acqua nella casseruola. Nel frattempo sminuzzate il cavolo nero scartando i gambi più spessi e duri. Tritate i pomodori.

Tenete da parte 250 ml d'acqua bollente e aggiungete all'acqua rimasta il dado, la pasta, il cavolo, i pomodori e il concentrato di pomodori. Salate e pepate generosamente. Lasciate sobbollire per 7-8 minuti, mescolando, per evitare che la pasta si attacchi. Se vi sembra che il brodo sia troppo denso, aggiungete un po' dell'acqua che avevate tenuto da parte. Assaggiate e regolate di sale e pepe prima di servire.

FETTUCCINE ALL'*Alfredo* (BURRO E PARMIGIANO)

per 2 persone / preparazione: 6 minuti
occorrente: una casseruola grande e una media, uno scolapasta, una grattugia

200 ml di panna da cucina

40 g di burro

80 g di parmigiano reggiano

250 g di fettuccine fresche

Portate a ebollizione l'acqua nella casseruola. Quando bolle, salate e versate le fettuccine.

Nel frattempo, sciogliete nella casseruola media a fuoco dolce il burro con la panna. Mescolate e togliete dal fuoco, quindi incorporate il parmigiano grattugiato. Scaldate il composto a fuoco dolce finché il parmigiano si sarà sciolto. Salate e pepate. Condite le fettuccine con la salsa e servite subito.

VARIAZIONI SUL TEMA DELLA SALSA *Alfredo*

per 2 persone
ecco alcune idee originali da realizzare variando la ricetta
delle fettuccine all'Alfredo alle pagine 138-139

200 g di funghi champignon

60 g di piselli surgelati

75 g di pancetta

50 g di burro

2 spicchi d'aglio pelati

FUNGHI CHAMPIGNON

Preparate la salsa Alfredo, tritate i funghi e pestate gli spicchi d'aglio. Saltate i funghi e l'aglio nel burro per circa 3 minuti finché diventano teneri. Salate, pepate e unite i funghi alla salsa.

PANCETTA E PISELLI

Preparate la salsa Alfredo e aggiungete i piselli. Cuocete a fuoco dolce, mescolando: i piselli devono essere teneri. Soffriggete la pancetta finché diventa croccante e unitela alla salsa.

PASTA E SUGHI

300 g di salmone affumicato

noce moscata

80 g di spinacini

1 cucchiaio di aneto tritato

SALMONE AFFUMICATO

Preparate la salsa Alfredo, aggiungete il salmone affumicato tagliato a pezzettini e l'aneto tritato e poi mescolate. Salate e pepate.

SPINACI

Preparate la salsa Alfredo, aggiungete gli spinacini e cuocete a fuoco dolce per 1-2 minuti, mescolando, finché gli spinaci appassiscono. Potete spolverare con un po' di noce moscata grattugiata.

TAGLIATELLE AI *peperoni*
E FORMAGGIO DI CAPRA

per 4 persone / preparazione: 8 minuti
occorrente: una casseruola grande, uno scolapasta, una padella

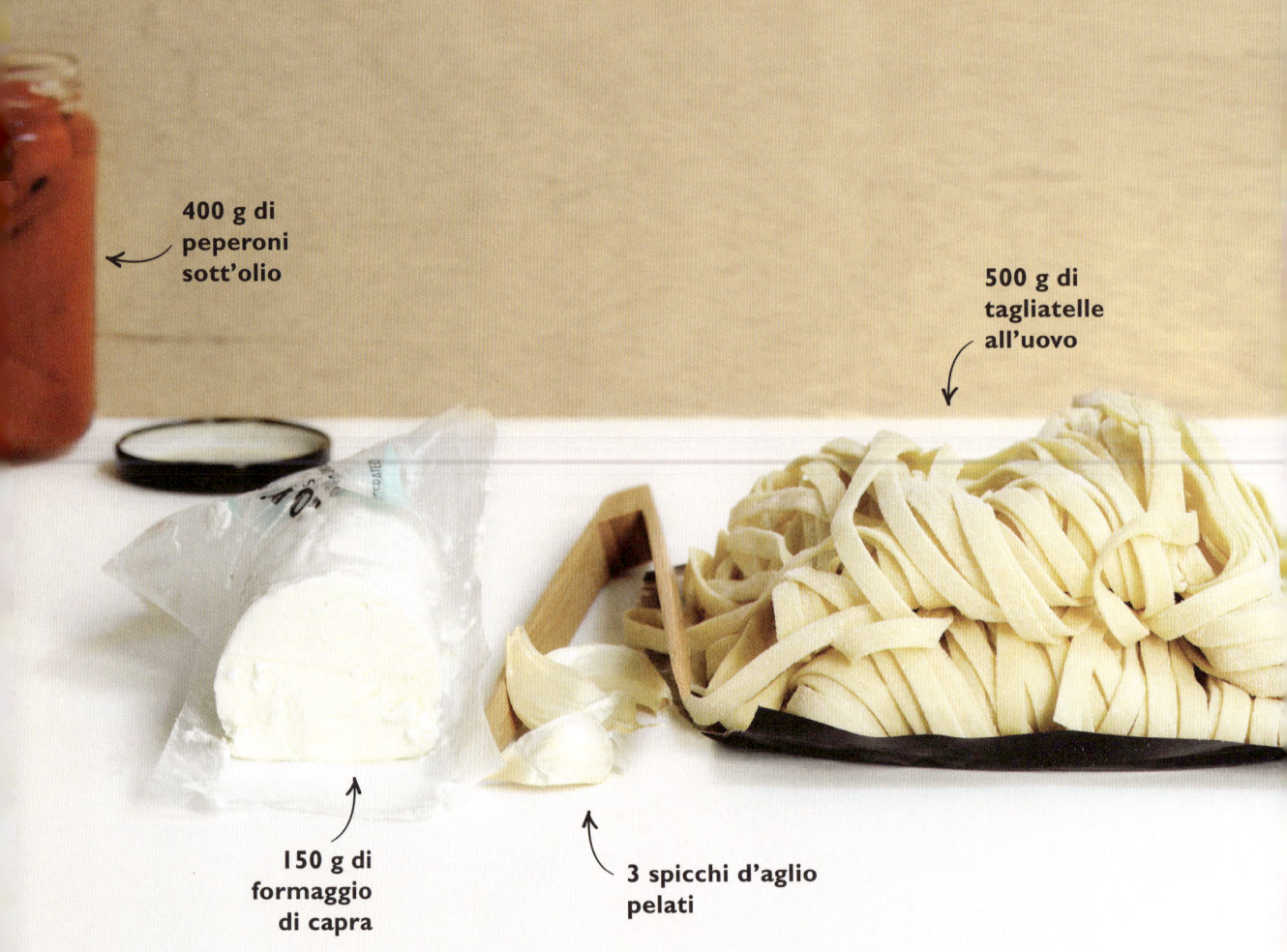

400 g di peperoni sott'olio

500 g di tagliatelle all'uovo

150 g di formaggio di capra

3 spicchi d'aglio pelati

Portate a ebollizione l'acqua nella casseruola. Quando bolle, salate e versate le tagliatelle.

Nel frattempo scolate i peperoni tenendo da parte l'olio di conserva, tritateli grossolanamente e schiacciate l'aglio. Saltate i peperoni con l'aglio in padella a fuoco vivo finché diventano ben caldi e si sprigiona l'aroma. Togliete dal fuoco, scolate le tagliatelle e unitele ai peperoni mescolando delicatamente; aggiungete un po' d'olio, se necessario, e servite subito cospargendo ogni piatto con il formaggio di capra sbriciolato.

TAGLIOLINI CON *acciughe* E PANGRATTATO

per 4 persone / preparazione: 10 minuti
occorrente: una casseruola grande, uno scolapasta, una padella,
una casseruola piccola

200 g di pangrattato a pezzi grossi

8 filetti di acciughe sott'olio

500 g di tagliolini all'uovo

olio piccante o peperoncino

4 spicchi d'aglio pelati

Portate a ebollizione l'acqua nella casseruola. Quando bolle, salate e versate i tagliolini.

Nel frattempo tritate grossolanamente i filetti di acciughe e sminuzzate l'aglio. Scaldate la padella e dorate il pangrattato, scuotendo la padella regolarmente. Mettete da parte. Nella casseruola piccola scaldate 4 cucchiai di olio d'oliva e aggiungete le acciughe e l'aglio, cuocendo finché le acciughe si sciolgono e l'aglio sprigiona il suo aroma. Unite il pangrattato e mescolate, aggiungendo un po' d'olio per ottenere un composto granuloso. Scolate i tagliolini, conditeli con la salsa e guarnite con peperoncino in fiocchi o un filo d'olio piccante.

TAGLIATELLE *tonno* E CAPPERI

per 4 persone / preparazione: 10 minuti
occorrente: una casseruola grande, uno scolapasta, una padella

- 4 pomodori medi maturi
- 2 cucchiai di capperi
- 300 g di tonno in scatola al naturale
- 4 filetti di acciughe sott'olio
- 400 g di tagliatelle all'uovo

PASTA E SUGHI

Portate a ebollizione l'acqua nella casseruola. Quando bolle, salate e versate le tagliatelle.

Nel frattempo, tritate grossolanamente i filetti di acciughe e tagliate i pomodori a dadini. Scaldate a fuoco medio 2 cucchiai di olio d'oliva nella padella e cuocete le acciughe finché si sfaldano. Alzate il fuoco e aggiungete il tonno sgocciolato. Cuocete per un minuto, mescolando, poi unite i pomodori. Continuate la cottura per qualche minuto, così da riscaldare gli ingredienti, poi aggiungete i capperi.

Scolate le tagliatelle, versatele nella padella con un po' d'acqua di cottura, mescolate e condite con l'olio d'oliva.

MACCHERONI *salsiccia* E SEMI DI FINOCCHIO

per 4 persone / preparazione: 10 minuti
occorrente: una casseruola grande, uno scolapasta, una padella

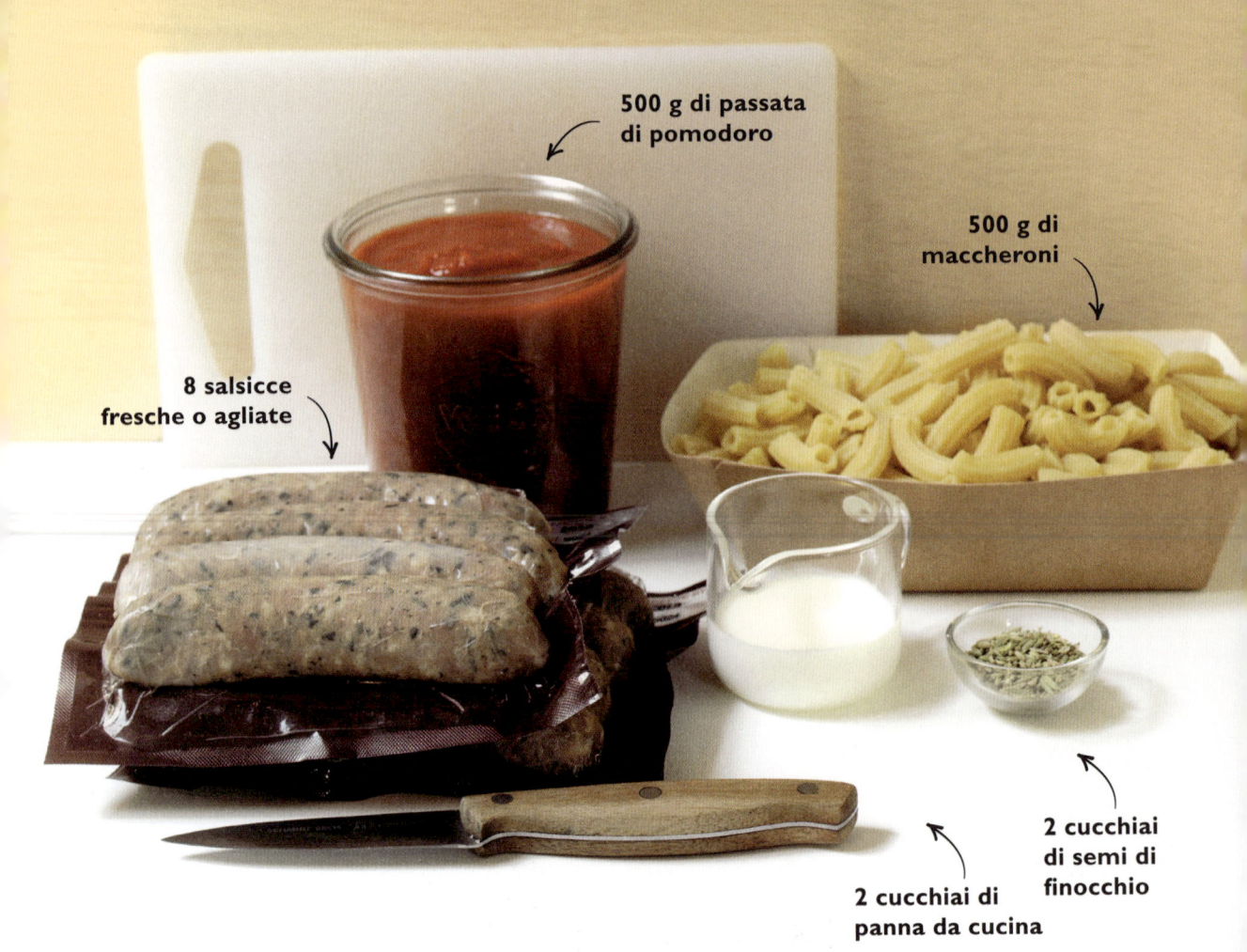

500 g di passata di pomodoro

500 g di maccheroni

8 salsicce fresche o agliate

2 cucchiai di panna da cucina

2 cucchiai di semi di finocchio

Portate a ebollizione l'acqua nella casseruola. Quando bolle, salate e versate i maccheroni. Nel frattempo togliete la pelle della salsiccia, scaldate nella padella 2 cucchiai di olio d'oliva, aggiungete l'impasto delle salsicce, schiacciatelo con una forchetta e saltate a fuoco vivo. Eliminate man mano il grasso di cottura. Quando la salsiccia inizia a dorarsi, aggiungete i semi di finocchio e continuate a cuocere finché sprigionano tutto l'aroma. Unite la passata di pomodoro, mescolate e scaldatela. Togliete dal fuoco, incorporate la panna, salate e pepate.

Scolate la pasta, conditela con la salsa, guarnite con una spolverata di parmigiano grattugiato e prezzemolo tritato e servite subito.

TORTELLINI IN *brodo*

per 4 persone / preparazione: 5 minuti
occorrente: una casseruola grande, un mestolo

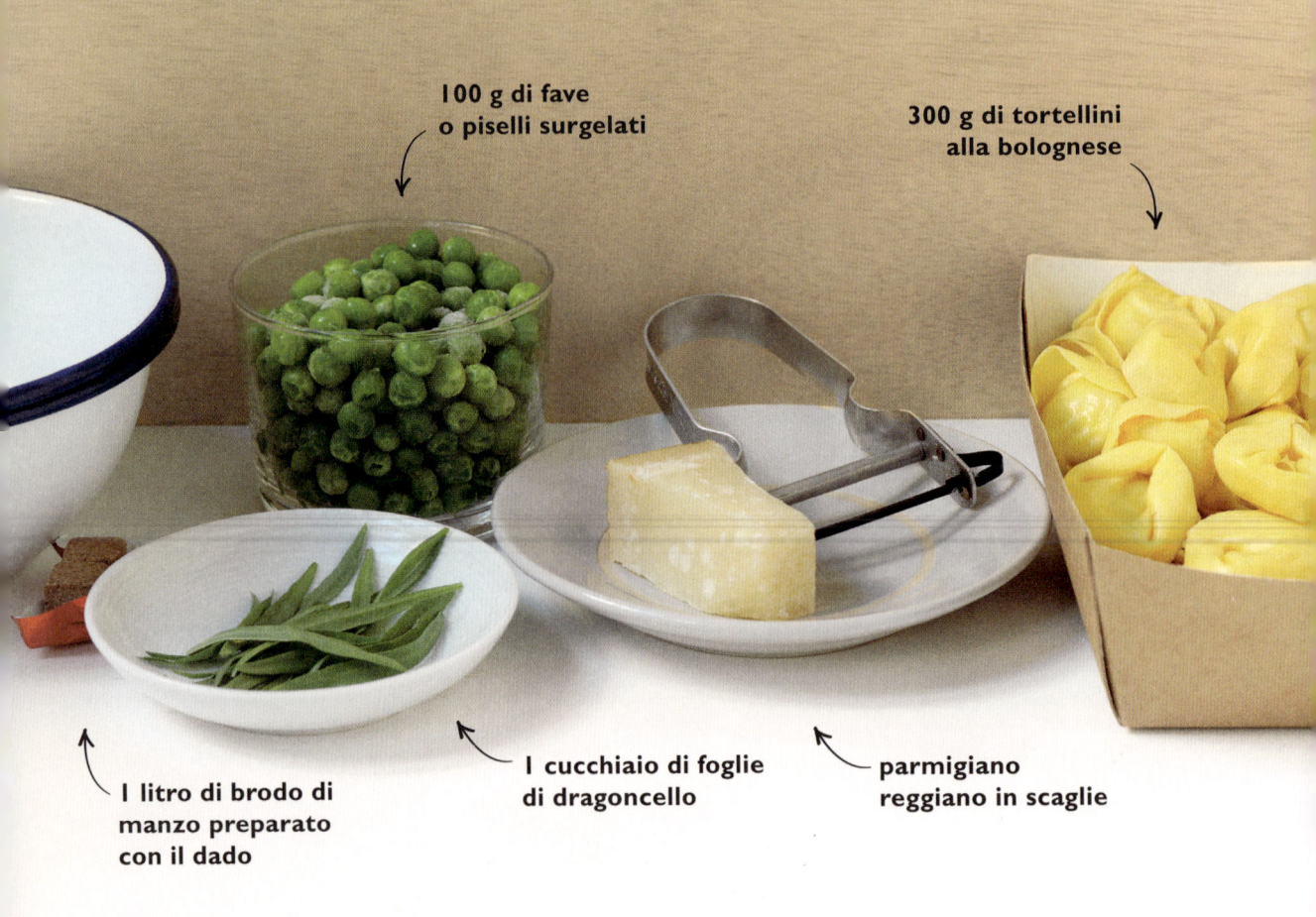

100 g di fave o piselli surgelati

300 g di tortellini alla bolognese

1 litro di brodo di manzo preparato con il dado

1 cucchiaio di foglie di dragoncello

parmigiano reggiano in scaglie

PASTA E SUGHI

Portate a ebollizione l'acqua nella casseruola. Quando bolle, aggiungete il dado e scioglietelo a fuoco medio.

Versate i tortellini, le fave o i piselli e il dragoncello e lasciate sobbollire per 2-3 minuti, finché i tortellini saranno cotti. Servite subito con scaglie di parmigiano.

PASTINA AL *formaggio*, AGLIO E PEPE NERO

per 4 persone / preparazione: 10 minuti
occorrente: uno spremiaglio, una grattugia, una padella, una casseruola

400 g di pastina

800 ml di brodo vegetale preparato con il dado

2-3 spicchi d'aglio pelati

4 cucchiai di burro

150 g di formaggi misti: emmental, parmigiano reggiano o altri formaggi a pasta dura

PASTA E SUGHI

Portate a ebollizione 800 ml d'acqua nella casseruola. Nel frattempo, pestate l'aglio e grattugiate i formaggi. Quando l'acqua bolle, aggiungete il dado e scioglietelo, versate la pastina e lasciate sobbollire per 8 minuti, mescolando, finché sarà cotta e avrà assorbito il liquido. Nel frattempo sciogliete il burro nella padella a fuoco dolce e soffriggete l'aglio per circa 3 minuti perché si intenerisca senza dorarsi. Mettete da parte finché la pastina sarà pronta.

Mescolate il burro all'aglio, i formaggi grattugiati, abbondante pepe nero macinato al momento e la pastina. Assaggiate per regolare di sale e pepe e servite subito.

pesto AL BASILICO

per 2 persone / preparazione: 5 minuti
occorrente: un mortaio e un pestello (o un robot da cucina o un frullatore),
una grattugia

50 g di foglie di basilico

succo di limone

50 g di pinoli

2 spicchi d'aglio

50 g di parmigiano reggiano

Mettete l'aglio, il basilico, i pinoli e un filo di succo di limone nel mortaio (o nella ciotola del robot da cucina) e pestate (o frullate) finché il composto diventa omogeneo.

Incorporate il parmigiano un po' alla volta, alternandolo con l'olio extravergine d'oliva, finché il pesto diventa cremoso. Assaggiate e regolate di sale e pepe; volendo, aggiungete il succo di limone.

VARIAZIONI SUL TEMA DEL *pesto*

per 2 persone
ecco alcune idee originali da realizzare seguendo il procedimento del pesto al basilico alle pagine 154-155

40 g di noci

60 g di mandorle pelate

40 g di prezzemolo

80 g di crescione

CRESCIONE E NOCI

Nella ciotola di un robot da cucina o in un mortaio frullate o pestate il crescione, le noci, uno spicchio d'aglio e un po' di succo di limone finché il composto diventa omogeneo. Incorporate 50 g di parmigiano grattugiato e olio extravergine d'oliva; il composto deve diventare cremoso. Salate e pepate.

PREZZEMOLO E MANDORLE

Nella ciotola di un robot da cucina o in un mortaio, frullate o pestate le mandorle, il prezzemolo, uno spicchio d'aglio e un po' di succo di limone finché il composto diventa omogeneo. Incorporate 50 g di parmigiano grattugiato e olio extravergine d'oliva; il composto deve diventare cremoso. Salate e pepate.

50 g di
nocciole pelate

50 g di foglie
di menta

50 g di erbe fresche miste
(prezzemolo, coriandolo,
timo, dragoncello...)

50 g di pistacchi

MENTA E NOCCIOLE

Preparate il pesto al basilico secondo la ricetta alle pagine 154-155 sostituendo però il basilico con la menta e i pinoli con le nocciole.

ERBE FRESCHE E PISTACCHI

Preparate il pesto al basilico secondo la ricetta alle pagine 154-155 sostituendo però il basilico con le erbe fresche miste e i pinoli con i pistacchi.

CARNE

e pesce

carpaccio CON MAIONESE AL TARTUFO

per 4 persone / preparazione: 5 minuti
occorrente: pellicola

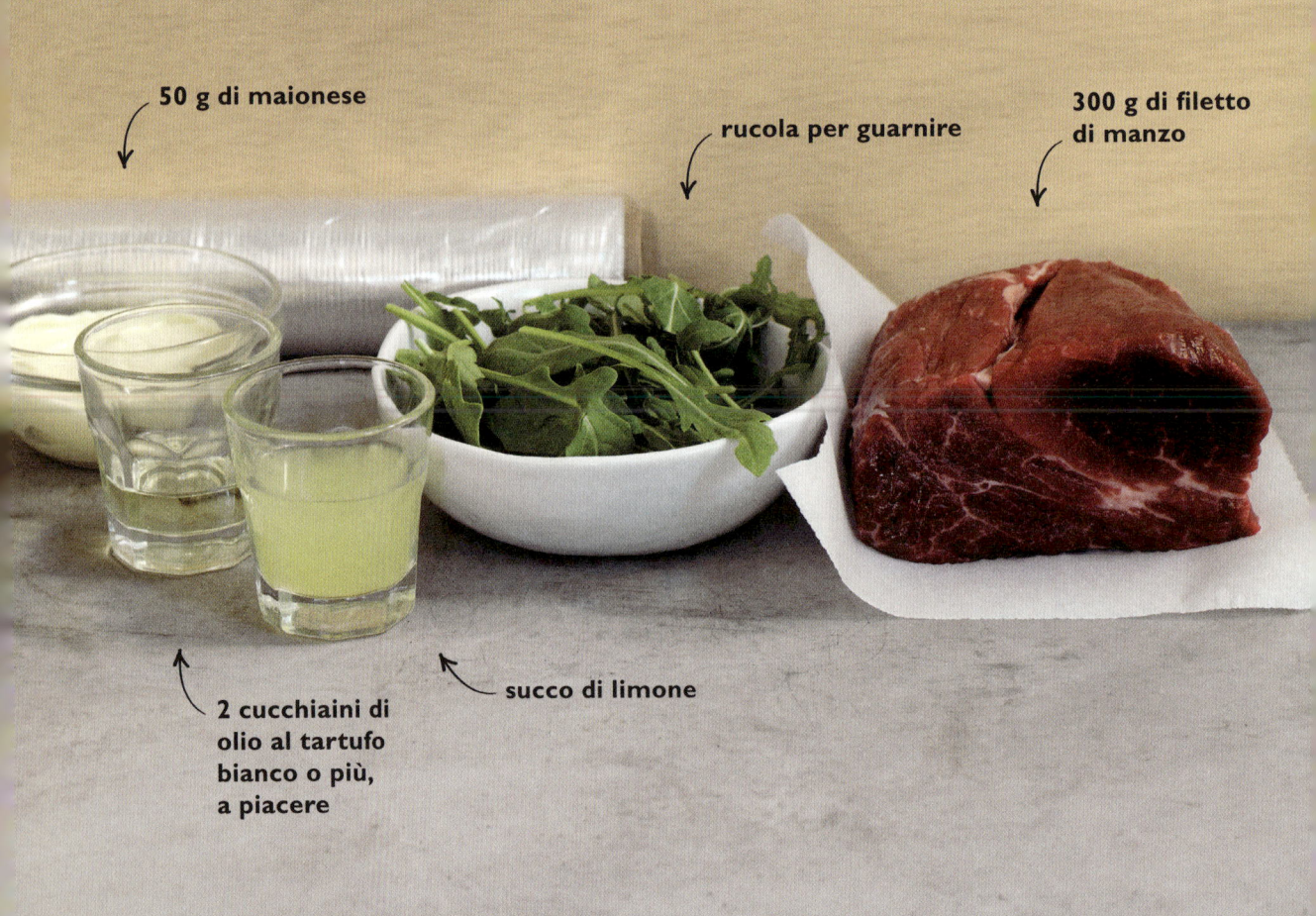

50 g di maionese

rucola per guarnire

300 g di filetto di manzo

2 cucchiaini di olio al tartufo bianco o più, a piacere

succo di limone

CARNE E PESCE

Avvolgete la carne ben stretta nella pellicola e mettetela nel congelatore per 5 minuti. Nel frattempo mescolate la maionese con l'olio al tartufo, un filo abbondante di succo di limone, 2 cucchiai di olio d'oliva leggero e insaporite con sale e pepe.

Tagliate la carne a fettine sottilissime con un coltello molto affilato. Se vi sembrano ancora troppo spesse, appiattitele con il pestacarne fra due fogli di pellicola. Adagiate le fettine sui piatti e guarnite con la maionese al tartufo e la rucola.

manzo IN AGRODOLCE

per 4 persone / preparazione: 10 minuti
occorrente: una padella o un wok

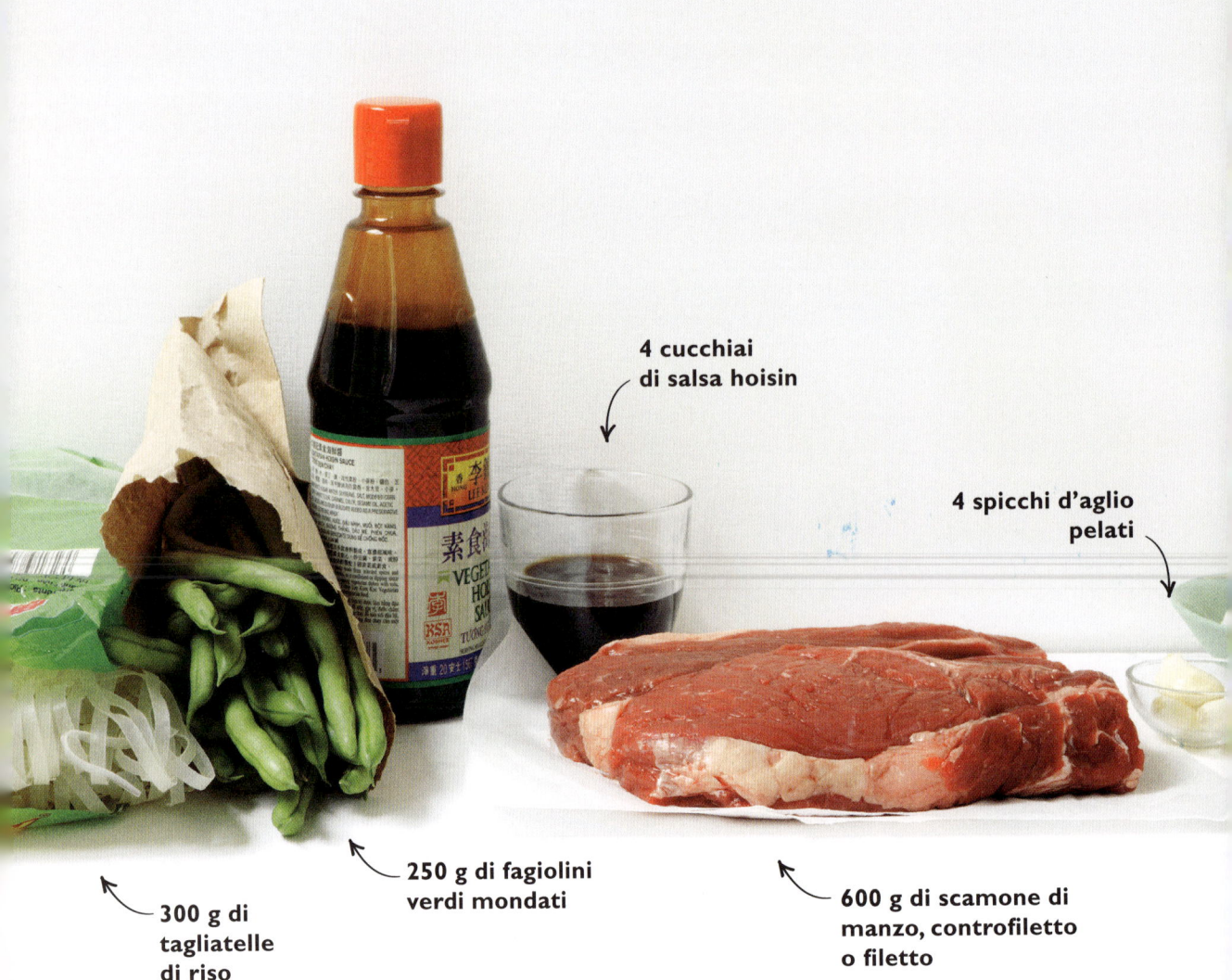

↙ **4 cucchiai di salsa hoisin**

↙ **4 spicchi d'aglio pelati**

↖ **300 g di tagliatelle di riso**

↖ **250 g di fagiolini verdi mondati**

↖ **600 g di scamone di manzo, controfiletto o filetto**

Scaldate 2 cucchiai di olio di semi in una padella o in un wok finché raggiunge il punto di fumo. Nel frattempo tagliate la carne a fettine sottili, salate e pepate generosamente e mettete da parte.

Tritate l'aglio finemente. Cuocete i fagiolini nella padella per 3 minuti. Aggiungete la carne e l'aglio e cuocete ancora per 3 minuti, senza smettere di mescolare. Aggiungete le tagliatelle di riso e la salsa e saltate gli ingredienti ancora per un minuto. Servite subito.

agnello PICCANTE E HUMMUS

per 2 persone / preparazione: 8 minuti
occorrente: una padella, un'insalatiera, un piatto per servire

2 cucchiai di ras el-hanout (miscela di piante e spezie della cucina nordafricana)

2 cucchiai di miele

200 g di hummus

2 cucchiai di pinoli

2 fette di cosciotto d'agnello

Scaldate la padella a fuoco vivo. Nel frattempo tritate la carne finemente e mettetela in un'insalatiera con il ras el-hanout, il miele, un cucchiaio di olio d'oliva, sale e pepe. Amalgamate con le dita per condire bene la carne e mettete da parte. Spalmate l'hummus sul piatto, lasciando un buco al centro.

Versate un cucchiaio di olio d'oliva nella padella calda, aggiungete la carne e cuocetela bene per 3-4 minuti, mescolando ogni tanto. Disponete la carne sull'hummus, versateci il succo di cottura e guarnite con i pinoli. Servite subito guarnendo con prezzemolo fresco e accompagnando con qualche pita tiepida.

BRACIOLE DI *maiale*
E SALSA AIOLI ALLE MELE

per 2 persone / preparazione: 10 minuti
occorrente: una padella con il fondo spesso, una ciotola

insalata verde

3 cucchiai di salsa aioli

3 cucchiai di composta di mele

40 g di burro

2 braciole di maiale

CARNE E PESCE

Salate e pepate abbondantemente le braciole. Scaldate la padella a fuoco medio e sciogliete il burro. Quando inizia a sfrigolare, aggiungete le braciole e cuocetele per 4 minuti su ogni lato per dorarle bene.

Nel frattempo mescolate nella ciotola la salsa aioli e la composta di mele. Salate e pepate. Servite le braciole con un cucchiaio di salsa aioli e dell'insalatina.

fegato ALL'ACETO BALSAMICO

per 2 persone / preparazione: 10 minuti
occorrente: una padella

50 ml di panna da cucina

crescione

40 ml di aceto balsamico

200 g di fegato di agnello o di vitello

3 cipollotti

Scaldate la padella a fuoco medio-alto. Nel frattempo eliminate le parti verdi dei cipollotti e tritateli finemente. Tagliate il fegato a lamelle. Scaldate 2 cucchiai di olio d'oliva nella padella e cuocete i cipollotti finché diventano teneri, mescolando. Aggiungete le fettine di fegato e saltatele per un minuto a fuoco medio, girandole in modo che siano dorate all'esterno ma restino rosa al centro.

Alzate il fuoco e versate l'aceto balsamico. Lasciate sobbollire per 30 secondi raschiando il fondo della padella con un cucchiaio. Abbassate il fuoco, aggiungete la panna e scaldatela finché la salsa si addensa, mescolando. Salate e pepate. Servite subito con qualche foglia di crescione.

controfiletto CON BURRO AL GORGONZOLA

per 2 persone / preparazione: 8 minuti
occorrente: un grill, una ciotola, un foglio di carta da forno, un foglio di alluminio

rucola

100 g di gorgonzola, bleu d'Auvergne o roquefort

200 g di burro

2 controfiletti

Scaldate il grill alla massima potenza. Ungete la carne con poco olio, salate e pepate generosamente e poi mettete da parte. Con la forchetta schiacciate metà del burro con il gorgonzola, adagiatelo su un foglio di carta da forno, arrotolatelo e mettete il cilindro nel congelatore.

Cuocete la carne per 30 secondi su ogni lato sotto il grill caldo. Ungete i controfiletti con il burro rimasto e cuocete ancora per 4 minuti se vi piacciono al sangue o 5 minuti se li preferite ben cotti, girandoli ogni 30 secondi e spennellandoli con il burro. Avvolgeteli nell'alluminio per mantenerli caldi prima di servirli. Tagliate a rondelle il cilindro di burro e gorgonzola freddo e adagiate le fettine sulla carne. Servite con la rucola. Conservate il burro avanzato nel congelatore per un'altra ricetta.

VARIAZIONI SUL TEMA DEL *burro* AROMATIZZATO

per 2 persone
ecco alcune idee originali da realizzare a partire dalla ricetta
del burro aromatizzato alle pagine 170-171

4 filetti di acciughe sott'olio

2 cucchiaini di pepe nero macinato al momento

1 cucchiaino di fior di sale

2 cucchiaini di rosmarino tritato finemente

1 spicchio d'aglio

la scorza di 2 limoni grattugiata finemente

LIMONE E PEPE NERO

Schiacciate 200 g di burro ammorbidito con le scorze di limone, sale e pepe. È delizioso per condire pesce, pollo e maiale.

ACCIUGHE, AGLIO E ROSMARINO

Schiacciate 200 g di burro ammorbidito con i filetti di acciughe tritati finemente, il rosmarino e l'aglio pestato. È squisito con la carne di agnello o di manzo.

CARNE E PESCE

Ogni ricetta consente di realizzare circa 200 g di burro aromatizzato. Tagliatelo a rondelle, avvolgetele nella carta da forno e conservatele nel congelatore anche per un mese.

60 ml di composta di mele

½ cucchiaino di fior di sale

20 g di peperoncino rosso

la scorza di 4 lime grattugiata finemente

1 cucchiaino di fior di sale

3 cucchiaini di senape

MELA E SENAPE

Con uno sbattitore elettrico, amalgamate 200 g di burro ammorbidito con la composta di mele, la senape e il sale. È delizioso con la carne di maiale.

PEPERONCINO E LIME

Schiacciate 200 g di burro ammorbidito con le scorze di lime, il peperoncino rosso tritato finemente e il fior di sale. È ottimo con il pollo, il pesce e i gamberetti.

PETTO DI *pollo* AL TIMO E LIMONE

per 2 persone / preparazione: 10 minuti
occorrente: un grill grande o un barbecue, pellicola, un matterello da pasticceria,
un piatto poco profondo, uno spremiagrumi, una ciotola, una frusta

1 limone

12 punte di asparagi
o asparagi piccoli

1 petto di pollo
grande (o 2 piccoli)

3 rametti
di timo

Scaldate il grill a potenza media o preparate il barbecue. Mettete il petto di pollo fra due fogli di pellicola e appiattiteli passando il matterello. Adagiateli in un piatto. Spremete il limone e versate il succo nella ciotola. Aggiungete le foglie di timo, un cucchiaio di olio d'oliva, sale e pepe e emulsionate il tutto con una frusta. Versate 3/4 della vinaigrette sul petto di pollo e ricopritelo bene. Condite gli asparagi con un filo di olio d'oliva.

Cuocete il petto di pollo e gli asparagi con il grill o sul barbecue per 5 minuti, girandoli regolarmente, finché saranno ben cotti. Tagliate il pollo a fettine, unitelo agli asparagi e condite con la vinaigrette rimasta prima di servire.

pollo AL CURRY

per 4 persone / preparazione: 10 minuti
occorrente: una padella con il fondo spesso

← 4 naan (pane indiano)

← 400 ml di latte di cocco

150 g di piselli o fave surgelati →

← 2 petti di pollo grandi (circa 600 g)

← 3 cucchiai di pasta di curry verde thai

CARNE E PESCE

Preriscaldate il forno a 180 °C. Adagiate il pane indiano su una teglia e infornatelo. Scaldate nella padella a fuoco medio-alto 2 cucchiai di olio di semi. Tagliate i petti di pollo a fettine sottili e saltatele in padella per 3 minuti.

Aggiungete la pasta di curry, il latte di cocco e i piselli (o le fave) e cuocete ancora per circa 4 minuti finché il pollo sarà ben cotto. Servite accompagnando con il pane tiepido.

FAJITAS DI *pollo*

per 4 persone / preparazione: 10 minuti
occorrente: un grill, un piatto poco profondo, una pinza

1 peperone rosso

1 cipolla rossa

4 piadine

2 cucchiaini di miscela di spezie jerk (spezie molto piccanti di origine giamaicana)

2 petti di pollo

CARNE E PESCE

Scaldate il grill del forno alla massima potenza. Tagliate i petti di pollo a fettine larghe 5 mm e disponetele nel piatto. Aggiungete le spezie, il sale, il pepe e 2 cucchiaini di olio di semi. Mescolate e mettete da parte.

Tagliate a fettine sottili la cipolla e il peperone e aggiungeteli al pollo. Grigliate gli ingredienti della guarnitura per 5 minuti, girando regolarmente la carne. Adagiate un po' della guarnitura al centro di ogni piadina e arrotolatela. Servite subito con foglie di coriandolo fresco e spicchi di lime.

INVOLTINI *all'anatra*

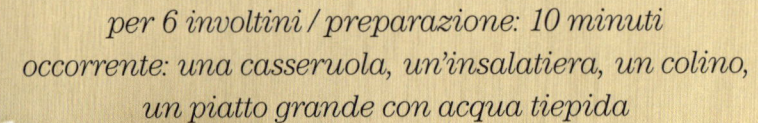

per 6 involtini / preparazione: 10 minuti
occorrente: una casseruola, un'insalatiera, un colino,
un piatto grande con acqua tiepida

- 1 petto d'anatra affumicato
- 40 g di vermicelli di riso
- 90 ml di salsa hoisin
- 3 cipollotti
- 6 fogli di riso per involtini primavera

CARNE E PESCE

Scaldate mezzo litro d'acqua nella casseruola. Nel frattempo tagliate i cipollotti in pezzi di 10 cm e il petto d'anatra a fettine sottili. Mettete i vermicelli nell'insalatiera, copriteli con l'acqua bollente e lasciate riposare per 5 minuti. Scolateli e sciacquateli.

Immergete i fogli di riso nell'acqua tiepida, adagiateli sul piano di lavoro pulito e aggiungete al centro un po' di vermicelli, i cipollotti, qualche fettina di petto d'anatra e un filo di salsa hoisin (non esagerate con la guarnitura). Ripiegate ogni foglio in modo da contenere la farcitura e arrotolatelo verso l'alto, serrando bene. Servite gli involtini subito oppure conservateli in un canovaccio umido fino al momento di portarli in tavola.

tonno, EDAMAME E SPAGHETTI DI SOBA

per 2 persone / preparazione: 8 minuti
occorrente: un grill, una casseruola, uno scolapasta

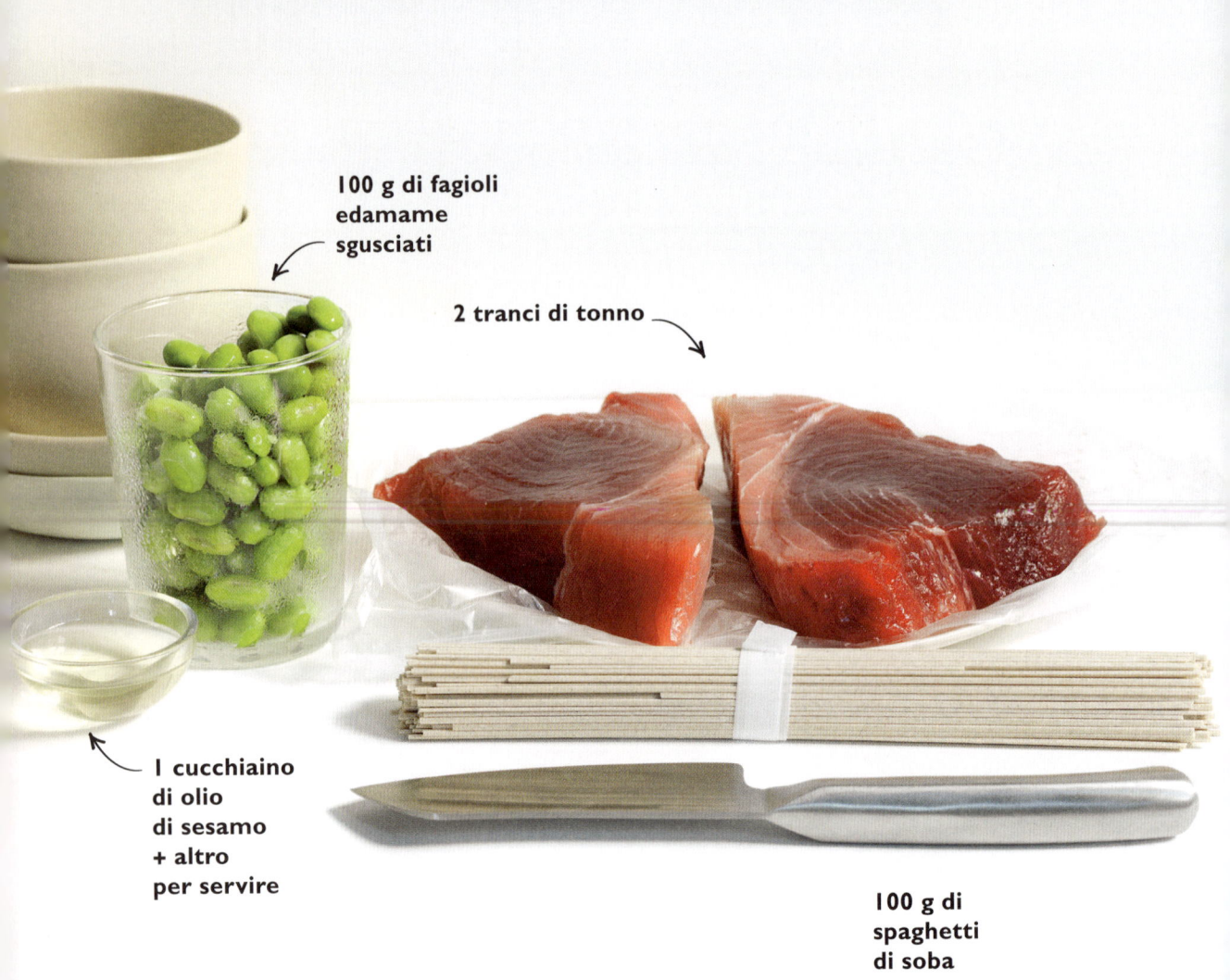

100 g di fagioli edamame sgusciati

2 tranci di tonno

1 cucchiaino di olio di sesamo + altro per servire

100 g di spaghetti di soba

CARNE E PESCE

Portate a ebollizione mezzo litro d'acqua. Nel frattempo scaldate il grill alla massima potenza. Spennellate il tonno con l'olio di semi e spolveratelo generosamente con pepe nero macinato al momento. Passatelo sotto il grill un minuto per lato e mettetelo da parte. Quando l'acqua bolle, cuocete gli spaghetti secondo i tempi indicati sulla confezione. Aggiungete i fagioli edamame 2 minuti prima della fine della cottura. Scolate, sciacquate in acqua fredda corrente e rimettete tutto nella casseruola. Condite con l'olio di semi e mescolate.

Tagliate il tonno a fettine sottili e servitele su un letto di spaghetti e di edamame. A piacere, versate un filo di olio di sesamo.

sgombro e couscous con salsa harissa

per 4 persone / preparazione: 10 minuti
occorrente: una casseruola, una padella, un'insalatiera
resistente al calore, pellicola

300 g di couscous

1 litro di brodo vegetale preparato con il dado

400 g di filetti di sgombro affumicato

1 manciata di foglie di coriandolo

20 ml di salsa harissa

CARNE E PESCE

Portate a ebollizione un litro d'acqua nella casseruola. Nel frattempo tritate il coriandolo. Versate l'acqua bollente nell'insalatiera, scioglieteci il dado e aggiungete il couscous. Mescolate, coprite con la pellicola e lasciate riposare per 5 minuti. Nel frattempo scaldate 2 cucchiai di olio di semi nella padella e scottate il pesce per 2 minuti su ogni lato.

Quando il couscous è pronto, separate la semola con una forchetta, aggiungete la salsa harissa e il coriandolo e mescolate. Salate e pepate a piacere. Togliete la pelle del pesce e servitelo su un letto di couscous.

branzino IN BRODO DASHI

per 2 persone / preparazione: 8 minuti
occorrente: un pennello, una casseruola piccola, una padella,
una spatola, 2 ciotole

brodo dashi (in granuli o in polvere) o fumetto di pesce in polvere, per mezzo litro d'acqua

spinacini

2 filetti di branzino con la pelle

1 cucchiaio di salsa di soia

4 cipollotti

CARNE E PESCE

Scaldate mezzo litro d'acqua nella casseruola. Nel frattempo eseguite alcuni tagli sulla pelle del pesce e spennellate i filetti con l'olio di semi; salate e pepate generosamente e mettete da parte.

Quando l'acqua bolle, aggiungete il brodo dashi o il fumetto di pesce in polvere e la salsa di soia. Tritate finemente i cipollotti, versateli nel brodo e cuocete a fuoco dolce. Scaldate la padella e cuocete i filetti di pesce a fuoco vivo sul lato della pelle per 3-4 minuti. Girateli delicatamente e cuoceteli ancora per 1-2 minuti. Distribuite una manciata di spinacini in ogni ciotola e ricopriteli con il brodo. Aggiungete i filetti di branzino e servite subito.

aringhe GRIGLIATE CON CETRIOLI MARINATI

per 2 persone / preparazione: 10 minuti
occorrente: un grill o un barbecue, un pelapatate, una ciotola, un pennello

1 cetriolo di circa 400 g

40 ml di aceto di riso

4 aringhe eviscerate e squamate

1 cucchiaino colmo di zucchero semolato

CARNE E PESCE

Scaldate il grill a potenza media o preparate il barbecue. Nel frattempo pelate il cetriolo e tagliatelo in lamelle sottili con il pelapatate. Mettetelo nella ciotola e aggiungete l'aceto, lo zucchero, un pizzico di peperoncino in fiocchi (facoltativo) e 1/4 di cucchiaino di fior di sale. Mettete da parte.

Spennellate leggermente le aringhe con l'olio d'oliva, salate e pepate. Grigliate le aringhe per 3-5 minuti, girandole regolarmente. Servite subito, accompagnando con il cetriolo marinato e spicchi di limone.

calamari FRITTI SALE E PEPE

per 2 persone / preparazione: 10 minuti
occorrente: una casseruola grande, un piatto grande,
carta assorbente, una schiumarola

spicchi di limone

40 g di maizena

250 g di anelli di calamari

CARNE E PESCE

Versate l'olio di semi nella casseruola fino a 3 cm dal bordo e scaldatelo a fuoco vivo. Nel frattempo versate la maizena nel piatto, aggiungete un cucchiaino di fior di sale, 2 cucchiaini di pepe nero macinato al momento e mescolate. Passate gli anelli di calamaro nella maizena. Quando l'olio è ben caldo (un pezzetto di pane si deve dorare in 30 secondi), friggete i calamari per un minuto al massimo, in più riprese.

Scolate i calamari con una schiumarola e adagiateli sulla carta assorbente. Serviteli subito con succo di limone a piacere.

gamberi E SPAGHETTI DI RISO

per 4 persone / preparazione: 10 minuti
occorrente: un wok o una padella grande, una ciotola

300 g di spaghetti di riso

300 g di gamberi crudi sgusciati

2 cucchiai di succo di lime

2 cucchiai di burro di arachidi

60 ml di salsa al peperoncino

CARNE E PESCE

Scaldate il wok o la padella a fuoco medio-alto. Nella ciotola amalgamate il burro di arachidi, la salsa al peperoncino, il succo di lime e tenete da parte.

Versate 2 cucchiai di olio di semi nel wok e aggiungete i gamberi. Cuoceteli per un minuto a fuoco vivo finché diventano rosa. Aggiungete gli spaghetti e la salsa e mescolate per condirli bene. Aggiungete un po' d'acqua, se necessario, per diluire il condimento. Salate e pepate. Servite subito con qualche spicchio di lime.

INSALATA DI *calamari*, CHORIZO E MANDORLE

per 4 persone come portata principale / preparazione: 10 minuti
occorrente: un piatto poco profondo, un'insalatiera, una padella, una schiumarola

- 600 g di ciuffetti di calamari
- 300 g di chorizo
- 1 limone
- rucola
- 20 g di mandorle in scaglie

Sciacquate i calamari e asciugateli. Metteteli nel piatto, bagnateli con metà del succo di limone e l'olio d'oliva; salate e pepate. Mescolate e mettete da parte. Scaldate un cucchiaio di olio d'oliva nella padella a fuoco medio-alto. Tagliate il chorizo a fettine sottili e doratele nella padella finché diventano croccanti. Scolate le fettine con una schiumarola e mettetele nell'insalatiera.

Saltate i calamari a fuoco vivo per 3 minuti finché diventano teneri e cotti a puntino, poi spostateli nell'insalatiera con il succo di cottura. Aggiungete la rucola, il succo di limone rimasto, un filo di olio d'oliva, salate e pepate. Mescolate e cospargete con le mandorle in scaglie prima di servire.

PESCE AL *cartoccio*

per 2 persone / preparazione: 10 minuti
occorrente: 2 rettangoli grandi di carta da forno, una piastra da forno

vino bianco

4 cucchiai di panna da cucina

2 filetti di pesce (merluzzo, nasello, orata, spigola, salmone…)

1 manciata di erbe fresche (prezzemolo, dragoncello o aneto)

CARNE E PESCE

Preriscaldate il forno a 230 °C. Adagiate i filetti di pesce al centro di ogni rettangolo di carta da forno. Aggiungete la panna e le erbe, salate e pepate. Ripiegate i cartocci arrotolandone i bordi per sigillarli, lasciando una piccola fessura in alto. Versate un po' di vino attraverso la fessura e poi richiudete i cartocci, lasciando lo spazio perché possano gonfiarsi. Adagiateli sulla piastra del forno e cuoceteli per 8 minuti. Serviteli aperti, accompagnandoli con spicchi di limone e sale grosso.

VARIAZIONI SUL TEMA DEL PESCE AL *cartoccio*

per 2 persone
Partendo dalla ricetta alle pagine 196-197 aggiungete gli ingredienti indicati qui sotto in ogni cartoccio

2 cucchiai di salsa di soia

1 cipollotto tritato

olio di sesamo

2 cucchiaini di pasta di curry verde thai

1 cucchiaio di piselli surgelati

2 cucchiai di latte di cocco

½ cucchiaino di peperoncino rosso tritato finemente

SALSA DI SOIA E CIPOLLOTTO

Aggiungete al pesce la salsa di soia e il cipollotto; condite con un po' di olio di sesamo e il peperoncino.

CURRY VERDE THAI

Aggiungete al pesce i piselli surgelati, il latte di cocco e la pasta di curry.

2 cucchiai
di passata
di pomodoro

1 manciata
di crescione

1 cucchiaino di
dragoncello tritato

1 pizzico
di origano
essiccato

1 cucchiaio
di olive nere,
tritate

PASSATA DI POMODORO E OLIVE

Aggiungete al pesce la passata
di pomodoro, le olive nere tritate
e l'origano essiccato.

CRESCIONE E DRAGONCELLO

Aggiungete al pesce una manciata
di crescione e un trito fine
di dragoncello.

DESSERT
e dolcetti

TARTUFI ALLA *ciliegia* E CIOCCOLATO

per 28 tartufi / preparazione: 6 minuti
occorrente: un robot da cucina

150 g di biscotti alla crema e cioccolato (tipo Oreo®)

40 g di ciliegie candite

1 pizzico di sale

40 g di formaggio fresco cremoso

Mettete tutti gli ingredienti nella ciotola del robot da cucina e frullate finché il composto diventa omogeneo.

Con un cucchiaino raso di composto al cioccolato formate delle palline che potete servire subito oppure conservare in frigorifero. A piacere spolverate i tartufi con il cacao prima di servirli.

CROCCANTINI AL *cioccolato* BIANCO

per 16 pezzi / preparazione: 5 minuti + 20-30 minuti di raffreddamento
occorrente: una casseruola, una ciotola resistente al calore, una ciotola grande,
una teglia da forno rivestita con carta da forno

200 g di granola o muesli croccante

250 g di cioccolato bianco

Sciogliete il cioccolato a bagnomaria: portate a ebollizione l'acqua nella casseruola, nel frattempo spezzettate il cioccolato e mettetelo nella ciotola resistente al calore. Appoggiate la ciotola con il cioccolato sopra alla casseruola e sciogliete a fuoco dolce, mescolando, finché il cioccolato sarà completamente sciolto.

Versate la granola nell'altra ciotola, aggiungete il cioccolato fuso e mescolate per ricoprire bene la granola. Versate alcune cucchiaiate di composto sulla teglia rivestita con la carta da forno e mettete in frigorifero per 20-30 minuti.

BARRETTE ALL'*albicocca*

per circa 12 barrette / preparazione: 5 minuti
occorrente: un robot da cucina o un frullatore, uno stampo per cake di 13 x 23 cm

120 g di fiocchi d'avena

50 g di riso soffiato

100 g di albicocche secche

4 cucchiai di burro di arachidi o di altri semi oleosi (mandorle o anacardi)

75 ml di miele

Versate i fiocchi d'avena nella ciotola del robot da cucina o nel frullatore e riduceteli in polvere. Aggiungete il burro di arachidi, il miele, le albicocche secche e il riso soffiato. Mescolate per ottenere un impasto compatto.

Mettete l'impasto nello stampo, premendo bene, e poi tagliate le barrette di 6 cm di lunghezza e 2 cm di spessore.

popcorn AL CARAMELLO

per 4 persone come spuntino / preparazione: 8 minuti + 5 minuti di raffreddamento
occorrente: una casseruola piccola, una casseruola grande
con il fondo spesso e il coperchio, una teglia antiaderente

3 cucchiai di sciroppo di zucchero o di miele liquido

50 g di chicchi di mais per popcorn

30 g di burro salato

DESSERT E DOLCETTI

Nella casseruola piccola sciogliete il burro e lo sciroppo di zucchero con un pizzico di sale. Lasciate sobbollire per un minuto a fuoco vivo e poi togliete dal fuoco.

Versate i chicchi di mais nella casseruola grande con un cucchiaio di olio di semi. Mescolate per ungere i chicchi d'olio e scaldate a fuoco medio-alto, con il coperchio. Quando i chicchi iniziano a scoppiare, togliete la casseruola dal fuoco per un minuto, senza sollevare il coperchio, e poi rimettetela sul fuoco. Mescolate spesso mentre i chicchi scoppiettano. Quando lo scoppiettio diminuisce, togliete dal fuoco e aspettate un minuto. Versate lo sciroppo di zucchero al burro e mescolate bene. Distribuite il popcorn sulla teglia e lasciate raffreddare.

BISCOTTI AL BURRO DI *arachidi*

per 24 biscotti / preparazione: 10 minuti + 10 minuti di raffreddamento
occorrente: una casseruola, un foglio di carta da forno grande

235 g di fiocchi d'avena

60 ml di latte

55 g di burro

225 g di zucchero semolato

2 cucchiai di burro di arachidi

DESSERT E DOLCETTI

Mettete lo zucchero, il burro, il latte e un pizzico abbondante di sale fino nella casseruola e cuocete a fuoco medio-basso, mescolando, finché lo zucchero si sarà sciolto. Alzate il fuoco e lasciate bollire per 2 minuti, mescolando continuamente.

Togliete dal fuoco, aggiungete i fiocchi d'avena e il burro di arachidi. Mescolate bene e rimettete sul fuoco per un minuto, senza smettere di mescolare. Con 2 cucchiai formate piccoli cumuli di composto e adagiateli sulla carta da forno, lavorando velocemente. Appiattiteli con il dorso di un cucchiaio. Raffreddando i biscotti si induriranno.

SFOGLIATINE ALLE *spezie*

per 8 sfogliatine / preparazione: 10 minuti + 5 minuti di riposo
occorrente: una ciotola grande, 2 fogli di carta da forno,
una teglia da forno rivestita con carta da forno

↙ **80 g di pasta sfoglia**

↖ **1 cucchiaio e ½ di zucchero semolato**

↖ **1 cucchiaio di spezie miste (cannella, noce moscata, zenzero...)**

DESSERT E DOLCETTI

Preriscaldate il forno a 200 °C. Mescolate lo zucchero e le spezie in una ciotola.

Tagliate la pasta sfoglia in 8 rettangoli. Adagiateli 4 a 4 fra due fogli di carta da forno e passate il matterello per ottenere dei rettangoli lunghi. Spostateli sulla teglia rivestita con carta da forno.

Punzecchiateli con la forchetta e spolverateli con lo zucchero alle spezie. Infornateli per 6-7 minuti finché saranno ben dorati. Servite le sfoglie tiepide.

biscotti MARSHMALLOW E CIOCCOLATO

per 4 biscotti / preparazione: 5 minuti
occorrente: una teglia rivestita con carta da forno

8 biscotti al burro o speziati

8 marshmallow grandi

40 g di tavoletta di cioccolato al latte

DESSERT E DOLCETTI

Scaldate il grill del forno alla massima potenza. Adagiate 4 biscotti sulla teglia rivestita con carta da forno e appoggiate un quadratino di cioccolato su ciascuno. Aggiungete i marshmallow. Grigliate per circa 2 minuti finché i marshmallow diventano dorati. Coprite ogni marshmallow con un altro biscotto e servite subito.

fichi AL CARAMELLO E PISTACCHI

per 2 persone / preparazione: 10 minuti
occorrente: una casseruola grande, una ciotola

150 ml di panna acida

4 fichi maturi

30 g di burro

pistacchi per decorare

150 g di zucchero di canna scuro

DESSERT E DOLCETTI

Tagliate i fichi a metà per la lunghezza. Sciogliete il burro nella padella e cuocete i fichi per 2 minuti a fuoco medio-alto con il lato tagliato rivolto verso il basso. Girateli e cuoceteli ancora per un minuto. Metteteli da parte.

Nella ciotola mescolate la panna acida e lo zucchero. Servite i fichi ricoperti di salsa al caramello e cosparsi con i pistacchi tritati, accompagnando con la panna acida dolcificata.

COMPOSTA DI *frutta* SECCA E RICOTTA

per 2 persone / preparazione: 10 minuti
occorrente: una casseruola piccola, uno spremiagrumi,
una schiumarola, 2 coppette

- 250 g di frutta secca mista
- 3 cucchiai abbondanti di ricotta
- 1 anice stellato o 2 chiodi di garofano
- 1 stecca di cannella
- 1 limone

Scaldate l'acqua. Mettete la frutta, la cannella e l'anice stellato (o i chiodi di garofano) in una casseruola piccola. Aggiungete 400 ml d'acqua bollente o comunque la quantità sufficiente a ricoprire la frutta. Spremete il succo di limone e aggiungetelo alla frutta. Lasciate sobbollire per 8 minuti, finché la frutta sarà ben cotta.

Nel frattempo sbattete la ricotta finché diventa cremosa. Quando la frutta è cotta, scolatela con la schiumarola e distribuitela nelle coppette, dopo aver eliminato la cannella e l'anice stellato (o i chiodi di garofano). Aggiungete un po' di liquido di cottura e servite con la ricotta.

cheesecake CLASSICA

*per 8 persone / preparazione: 10 minuti + 1 ora di raffreddamento
occorrente: una casseruola piccola, un robot da cucina,
uno stampo per torta a cerniera del diametro di 20 cm, uno sbattitore elettrico*

300 ml di panna liquida

100 g di burro

220 g di formaggio fresco cremoso

200 g di biscotti speziati o tipo Digestive®

2 cucchiai di zucchero a velo

Sciogliete il burro nella casseruola piccola. Nel frattempo, sbriciolate grossolanamente i biscotti con il robot da cucina. Amalgamateli al burro sciolto. Premete il composto sul fondo dello stampo. Mettete in frigorifero mentre preparate la crema per guarnire.

Sbattete la panna, il formaggio fresco cremoso e lo zucchero a velo finché il composto diventa soffice e molto denso. Distribuitelo sulla base della cheesecake e mettete lo stampo in frigorifero prima di sformare e servire.

VARIAZIONI SUL TEMA DELLA *cheesecake*

per 8 persone
*ecco alcune idee originali da realizzare a partire dalla ricetta
della cheesecake alle pagine 220-221*

qualche rondella di banana

3 cucchiai di sciroppo d'acero

4 cucchiai di marmellata di latte (o dolce de leche)

fior di sale

SCIROPPO D'ACERO E BANANA

Preparate la cheesecake classica sostituendo lo zucchero a velo con lo sciroppo d'acero. Prima di servire, guarnite con rondelle di banana ricoperte con lo sciroppo d'acero.

CARAMELLO SALATO

Preparate la cheesecake classica, spalmate la marmellata di latte sulla farcitura e spolverate con il fior di sale prima di mettere il dolce in frigorifero.

la scorza di 2 lime grattugiata finemente

80 ml di succo di lime

200 g di biscotti allo zenzero

250 g di lemon curd

200 g di frollini al burro

la scorza di 1 limone grattugiata finemente

LIME

Preparate la cheesecake classica sostituendo i biscotti speziati con i frollini al burro. Mescolate il succo di lime con 3/4 della scorza e incorporatelo alla crema. Decorate il dolce con la scorza rimasta prima di metterlo in frigorifero.

LEMON CURD

Preparate la cheesecake classica sostituendo i biscotti speziati con quelli allo zenzero nella base della cheesecake e incorporate la scorza del limone alla crema. Spalmate il lemon curd sulla base prima di aggiungere la farcitura.

PANNA MONTATA ARANCIA E *acqua di rose*

per 4 persone / preparazione: 5 minuti
occorrente: uno spremiagrumi, una grattugia, una ciotola, una ciotola grande, uno sbattitore elettrico, 4 bicchieri

250 ml di panna da montare

50 g di zucchero semolato

1 arancia

2 cucchiaini di acqua di rose

4 sfogliatine per accompagnare

DESSERT E DOLCETTI

Spremete il succo d'arancia e grattugiate la scorza finemente. Versate il succo in una ciotola, aggiungete 3/4 della scorza, l'acqua di rose e lo zucchero. Mescolate finché lo zucchero si sarà sciolto completamente.

Montate la panna nella ciotola grande e incorporate un po' alla volta il composto all'arancia, senza smettere di sbattere, finché otterrete una crema spumosa e leggera, senza esagerare.

Versate la crema nei bicchieri, decorate con la scorza rimasta e servite con le sfogliatine.

MUG CAKE AL *cioccolato*

per 1 persona / preparazione: 5 minuti
occorrente: una tazza adatta alla cottura al microonde
(da 350 ml almeno), forno a microonde

2 cucchiai di farina autolievitante

2 cucchiai di cacao in polvere

1 uovo

2 cucchiai e ½ di zucchero semolato

2 cucchiai di latte

DESSERT E DOLCETTI

Versate la farina, lo zucchero, il cacao e l'uovo nella tazza e sbattete con una forchetta. Aggiungete il latte e 2 cucchiai di olio di semi. Mescolate.

Cuocete nel forno a microonde per 3 minuti alla massima potenza. Se volete, spolverate con zucchero a velo prima di servire.

MUG CAKE AI *mirtilli*

per 1 persona / preparazione: 5 minuti
occorrente: una tazza adatta alla cottura al microonde
(da 350 ml almeno), forno a microonde

2 cucchiai di latte

3 cucchiai di zucchero semolato

3 cucchiai di farina autolievitante

25 g di mirtilli + qualcuno per accompagnare

1 uovo

DESSERT E DOLCETTI

Mescolate la farina, lo zucchero e l'uovo nella tazza. Aggiungete il latte e 2 cucchiai di olio di semi. Mescolate e poi incorporate i mirtilli.

Cuocete nel forno a microonde per 3 minuti alla massima potenza. Se volete, accompagnate con mirtilli freschi e panna montata.

MOUSSE AL *cioccolato bianco* E MIRTILLI

per 4 persone / preparazione: 8 minuti + 1 ora di raffreddamento
occorrente: una casseruola e una ciotola resistente al calore,
un sbattitore elettrico, 4 bicchierini

250 ml di panna da montare

150 g di mirtilli + qualcuno per accompagnare

125 g di gocce di cioccolato bianco

DESSERT E DOLCETTI

Aprite il rubinetto e fate scendere 1 cm d'acqua fredda nel lavello con il tappo inserito sul fondo. Portate a ebollizione un po' d'acqua nella casseruola. Versate le gocce di cioccolato e 2 cucchiai di panna nella ciotola e scaldate a bagnomaria, mescolando di tanto in tanto, finché il cioccolato si sarà sciolto completamente. Mettete la ciotola nel lavello e lasciate raffreddare per qualche minuto. Aggiungete la panna rimasta e sbattete finché il composto diventa compatto. Incorporate i mirtilli.

Distribuite il composto nei bicchierini e mettete in frigorifero per un'ora prima di servire. Servite guarnendo con mirtilli freschi o scaglie di cioccolato bianco.

tiramisù SEMPLICE

per 4 persone / preparazione: 8 minuti
occorrente: un piatto poco profondo, 4 coppette, uno sbattitore elettrico, una grattugia

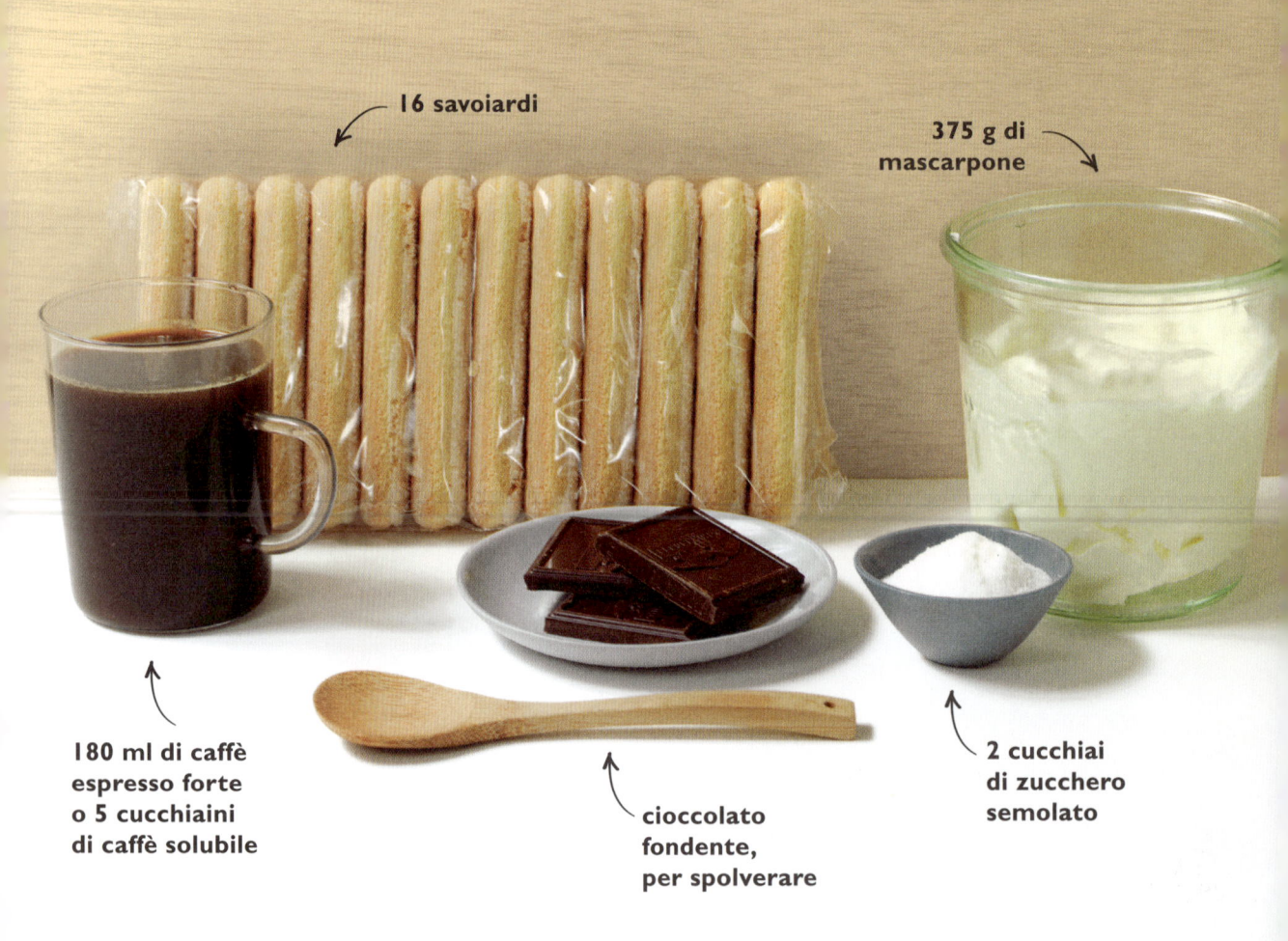

↙ **16 savoiardi**

375 g di mascarpone ↘

↑ **180 ml di caffè espresso forte o 5 cucchiaini di caffè solubile**

↑ **cioccolato fondente, per spolverare**

↖ **2 cucchiai di zucchero semolato**

DESSERT E DOLCETTI

Se utilizzate il caffè solubile, scioglietelo in 200 ml di acqua fredda. Spezzate ogni savoiardo in 4 pezzi che disporrete nel piatto grande. Ricopriteli con il caffè e poi girateli delicatamente. Mettete da parte. Montate il mascarpone con lo zucchero e 100 ml di acqua fredda.

Distribuite metà dei biscotti nelle coppette. Aggiungete metà della crema al mascarpone e poi i biscotti rimasti. Terminate con uno strato di crema. Spolverate abbondantemente con il cioccolato grattugiato. Potete servirlo subito ma anche lasciarlo riposare in frigorifero, in modo che gli ingredienti si possano amalgamare tra loro.

VARIAZIONI SUL TEMA DEL *tiramisù*

per 4 persone
ecco alcune idee originali da realizzare a partire dalla ricetta del tiramisù alle pagine 232-233

280 ml di succo di melagrana

200 ml di sciroppo di conserva di una scatola di litchi

1 cucchiaino di acqua di rose

1 manciata di chicchi di melagrana

qualche litchi sciroppato

MELAGRANA

Sostituite il caffè con 180 ml di succo di melagrana e incorporate quello rimasto alla crema di mascarpone, al posto dell'acqua fredda. Formate al centro uno strato di chicchi di melagrana e guarnite con altri chicchi o con il cioccolato grattugiato.

LITCHI E ACQUA DI ROSE

Sostituite il caffè con lo sciroppo di litchi mescolato all'acqua di rose per bagnare i savoiardi; aggiungete qualche goccia di acqua di rose anche nella crema al mascarpone. Formate uno strato di litchi tagliati a pezzetti e guarnite con i litchi o con il cioccolato grattugiato.

DESSERT E DOLCETTI

MARSALA

Mescolate il marsala, l'acqua e lo zucchero in una casseruola piccola e scaldate, mescolando. Bagnate i savoiardi con il composto al posto del caffè espresso e incorporate un po' di marsala nella crema al mascarpone.

Aggiungete al centro uno strato di pesche sciroppate tagliate a pezzettini e guarnite con le pesche o con il cioccolato grattugiato.

- 160 ml di marsala
- 2 cucchiai di zucchero semolato
- 40 ml d'acqua
- qualche pesca sciroppata
- 160 ml di limoncello
- 40 ml d'acqua
- 1 manciata di mirtilli
- 2 cucchiai e ½ di zucchero semolato

LIMONCELLO E MIRTILLI

In una casseruola piccola mescolate il limoncello, l'acqua e lo zucchero. Scaldate il composto per qualche minuto, mescolando. Bagnate i savoiardi con il limoncello invece che con il caffè e incorporatene un po' alla crema al mascarpone. Formate al centro uno strato di mirtilli e guarnite con i mirtilli freschi o con il cioccolato grattugiato.

CREMA AL *cioccolato*

per 4 persone / preparazione: 6 minuti + 30 minuti di raffreddamento
occorrente: una casseruola, una ciotola, una frusta, 4 coppette

mezzo litro di latte intero

2 cucchiai di zucchero semolato

80 g di cioccolato fondente di buona qualità + un po' da grattugiare

1 cucchiaio di liquore al caffè o al cioccolato

2 cucchiai di maizena

DESSERT E DOLCETTI

Scaldate il latte con lo zucchero nella casseruola e togliete dal fuoco prima che raggiunga l'ebollizione. Incorporate quindi il cioccolato spezzettato e il liquore. Mescolate finché il cioccolato si sarà sciolto.

Versate nella ciotola la maizena e 2 cucchiai di crema al cioccolato. Mescolate finché si saranno dissolti i grumi e versate il composto nella casseruola, mescolando. Cuocete a fuoco dolce, mescolando, finché la crema si addensa, poi versatela nelle coppette e mettete in frigorifero. Guarnite con il cioccolato fondente grattugiato e servite accompagnando con biscotti o cantuccini.

arance caramellate e PANNA ALLO SCIROPPO D'ACERO

per 2 persone / preparazione: 5 minuti
occorrente: una padella grande, uno sbattitore elettrico, 2 ciotole, una spatola

150 ml di panna da montare

2 arance grandi

1 cucchiaio di sciroppo d'acero

1 cucchiaino di cannella in polvere

50 g di zucchero di canna chiaro o scuro

DESSERT E DOLCETTI

Scaldate la padella a fuoco medio-alto. Sbucciate le arance al vivo (togliete anche l'albedo, cioè la pellicina bianca) e tagliatele in 6 rondelle ciascuna.

In una ciotola montate la panna a neve ferma con lo sciroppo d'acero. Nell'altra mescolate lo zucchero con la cannella.

Scottate le rondelle d'arancia nella padella per un minuto. Giratele, spolveratele con lo zucchero alla cannella e cuocetele ancora per un minuto. Giratele di nuovo e lasciatele cuocere ancora per un minuto finché lo zucchero inizia a caramellare. Servitele calde con la panna montata dolcificata con lo sciroppo d'acero.

MERINGATA ALLE *fragole*

per 4 persone / preparazione: 8 minuti
occorrente: un robot da cucina, una ciotola grande,
uno sbattitore elettrico, 4 coppette

300 ml di panna da montare

400 g di fragole

75 g di meringhette

2-3 cucchiai di zucchero a velo

DESSERT E DOLCETTI

Mondate le fragole. Mettetene metà nella ciotola del robot da cucina con un cucchiaio di zucchero a velo e frullate fino a ottenere un composto cremoso.

Tagliate in quarti le altre fragole. Nella ciotola grande montate la panna con lo zucchero a velo rimasto, senza esagerare. Sbriciolate le meringhette e incorporatele alla panna montata.

Aggiungete delicatamente la salsa di fragole e le fragole in pezzi. Servite nelle coppette, guarnendo con la salsa rimasta e i pezzetti di fragole.

TOAST *dolci* AL CIOCCOLATO

per 4 persone / preparazione: 6 minuti
occorrente: una padella con il fondo spesso, una spatola

lamponi freschi per accompagnare

crema spalmabile al cioccolato

4 panini al latte

zucchero semolato per spolverare

25 g di burro

Tagliate a metà i panini al latte. Spalmate generosamente la metà inferiore con la crema al cioccolato e poi copriteli con l'altra metà.

Scaldate il burro nella padella a fuoco medio-alto e quando comincia a sfrigolare adagiatevi i panini farciti. Dorateli per un minuto su ogni lato, premendo delicatamente con la spatola. Serviteli caldi, spolverati con lo zucchero, accompagnati dai lamponi freschi.

SORBETTO AI *lamponi*

per 4 persone / preparazione: 2 minuti
occorrente: un frullatore

3 cucchiaiate di miele o più, a piacere

125 g di mascarpone

400 g di lamponi surgelati

2 cucchiai di yogurt bianco

DESSERT E DOLCETTI

Frullate tutti gli ingredienti finché il composto diventa omogeneo; fate attenzione a raccogliere anche quello che resta sulle pareti del frullatore. Servite subito. Potete conservare il composto nel congelatore e poi frullarlo di nuovo prima di servirlo.

GRANITA DI *mojito*

*per 4 persone / preparazione: 10 minuti + 4-6 ore di congelamento
occorrente: una casseruola piccola, una grattugia, un frullatore, un colino,
uno stampo per cake di metallo*

100 g di zucchero semolato

2 lime

1 cucchiaio e ½ di rum bianco

1 manciata di foglie di menta

Grattugiate finemente la scorza dei lime e mettetela nella casseruola con lo zucchero e 300 ml d'acqua. Fate sobbollire finché lo zucchero si sarà sciolto. Lasciate raffreddare per qualche minuto.

Nel frattempo, spremete il succo dei lime e versatelo nel frullatore con la menta, il rum e lo sciroppo di zucchero raffreddato. Frullate finché la menta sarà tritata finemente. Filtrate e versate il composto nello stampo, mettetelo nel congelatore e raschiatelo con una forchetta ogni ora per ottenere la consistenza della granita.

Servite con fettine di lime.

SORBETTO DI *frutta*

per 4 persone / preparazione: 3 minuti
occorrente: un robot da cucina o un frullatore

Mettete la frutta surgelata, lo sciroppo d'acero e il succo di lime nella ciotola del robot da cucina o del frullatore; se volete, aggiungete qualche foglia di menta e frullate. Regolate la quantità di succo di lime o dello sciroppo d'acero.

450 g di frutta mista surgelata (melone, ananas, mango e papaya)

succo di lime, a piacere

1-2 cucchiai di sciroppo d'acero

DESSERT E DOLCETTI

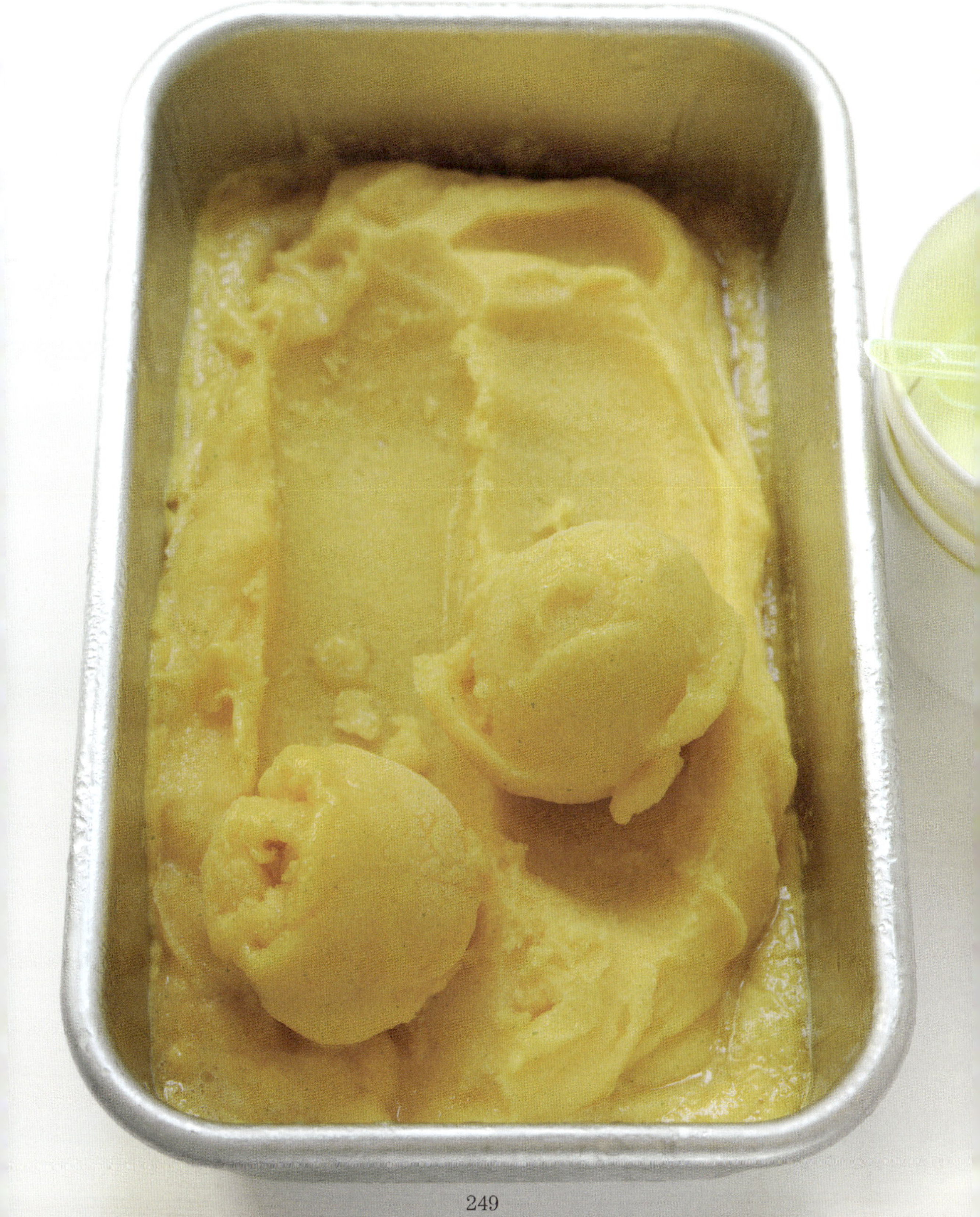

GELATO AL *caramello*

per 4 persone / preparazione: 5 minuti + 2 ore di congelamento
occorrente: una frusta, una ciotola grande, 2 stampi per cubetti di ghiaccio
(48 cubetti circa), un robot da cucina o un frullatore

400 g di mascarpone

100 g di zucchero a velo

2 cucchiai di estratto di vaniglia

1 manciata di caramelle mou ricoperte al cioccolato

mezzo litro di panna da montare

DESSERT E DOLCETTI

Mettete il mascarpone, la panna, la vaniglia e lo zucchero a velo nella ciotola e lavorate il composto con una frusta finché diventa omogeneo. Versatelo negli stampi per il ghiaccio e mettete nel congelatore per 1-2 ore. Trascorso questo tempo, spostate i cubetti di gelato nella ciotola del robot da cucina o nel frullatore, aggiungete le caramelle e frullate. Servite subito.

GELATINA DI *limone* E LAMPONI

per 4 persone / preparazione: 10 minuti + alcune ore di raffreddamento
occorrente: una ciotola, una casseruola piccola, 4 vasetti

100 ml di succo d'arancia

65 g di zucchero semolato

100 g di lamponi freschi

6 fogli di gelatina

120 ml di succo di limone

Scaldate 300 ml circa d'acqua. Mettete i fogli di gelatina nella ciotola, copriteli con acqua fredda e lasciateli a mollo per 3 minuti finché si ammorbidiscono. Nel frattempo, versate lo zucchero e 65 ml di acqua bollente in una casseruola piccola. Mescolate e scaldate per circa un minuto per sciogliere lo zucchero. Togliete dal fuoco, versate il succo di limone e di arancia e mescolate. Strizzate i fogli di gelatina per eliminare l'acqua in eccesso e aggiungeteli al composto nella casseruola con 200 ml di acqua bollente. Mescolate finché la gelatina si sarà sciolta completamente.

Distribuite i lamponi nei vasetti e aggiungete la gelatina, quindi mettete in frigorifero per alcune ore finché la gelatina si sarà addensata.

INDICE DEGLI INGREDIENTI

A
acciughe 82, 124, 172
aceto balsamico 168
acqua di rose 224, 234
aglio 22, 36, 94, 144, 152, 172
agnello 164, 168
aioli, salsa 166
albicocche secche 206
anatra, petto 180
arancia 94, 224, 238
aringhe 114
asparagi 56, 64, 82, 94
avocado 26, 82, 110, 128

B
banane 222
barbabietola 66, 84
basilico 32, 80, 154
biscotti al cioccolato 202
biscotti savoiardi 232, 234
biscotti speziati 220, 222
branzino 186
broccoli 68
burrata 92, 94
burro 94, 170, 172
burro di arachidi 206, 210

C
cacao 226
caffè 232
calamari 190, 194
capperi 34, 58, 82, 146
caramelle mou 250
carote 84, 116
cavolfiore 106
cavolo nero e cavolo riccio 16, 36, 136
ceci 86
cereali 70, 206
cetriolo 74, 114, 188
chorizo 40, 124, 194
ciliegie 202
cioccolato al latte 214
cioccolato bianco 204, 230
cioccolato fondente 232, 236
cipolle rosse 58, 94, 86
cipollotti 198
couscous 88, 184
crema spalmabile al cioccolato 242
crescione 156, 198
curry, pasta 198

D
dashi, brodo 54, 186
dragoncello 134, 198
dukkah 90

E
erbe 34, 78, 156, 196

F
fagioli cannellini 40, 108, 118
fagioli neri 28, 118
fagioli rossi 104, 118
fagiolini 162
fave 30, 94
fegatini di pollo 36
fegato 168
feta 48, 88
fettuccine 138
fichi 76, 82, 216
finocchio 64
fogli di riso 180
formaggio a pasta dura 42, 152
formaggio di capra 34, 35, 44, 52, 60, 66, 142
formaggio erborinato 170
formaggio fresco cremoso 220, 222
fragole 240
frollini 214, 222
frutta secca 206, 218
frutta surgelata 248
funghi champignon 34, 140
funghi porcini 116

G
gamberetti 192
garam masala 106
gelatina 252
germogli di piselli 83
gnocchi 128
gorgonzola 170
granola 204

H
halloumi 46
harissa, salsa 28, 118, 184
hummus 164

I
indivia 72

L
lamponi 244, 252
latte di cocco 110, 176
lattuga 90
lemon curd 222
limoncello 234
limone 64, 130, 172, 174, 252
lime 36, 172, 222, 246
litchi 234

M
maccheroni 122, 148
maiale 166
maionese 84, 160
mais 110
mandorle 156, 194
manzo 98, 160, 162, 170
marmellata di latte 222
marsala 234
marshmallow 214
mascarpone 232, 234, 244, 250
melagrana 234
melanzane 34, 50
mele 58, 166, 172
menta 36, 58, 88, 94, 114, 156, 246
meringhe 240
miele 44, 58
mirtilli 228, 230, 234
mirtilli rossi 70
miso 100
mozzarella 36, 80, 82

N
nocciole 156
noci 78, 156

O
origano 34, 94

P
pancetta 72, 126, 140
pane 46, 56, 112
pangrattato 94, 144
panini al latte 242
panna 138, 140, 238, 240
parmigiano reggiano 14, 20, 56, 126, 138, 152, 154, 156, 140
passata di pomodoro 122, 124, 148, 198
pasta 130, 132, 134, 136, 138, 142, 146, 152, 148
pasta sfoglia 212
pepe nero 152, 172, 190
peperoncino 124, 172
peperoncino, pasta 104
peperoni 18, 96, 124, 142, 178
pesce bianco 38, 196
pesche 92
piadine 22, 74, 178
pinoli 44, 118, 132, 154
piselli 58, 88, 102, 140
pistacchi 156, 216
pita 74
pollo 174, 176, 178
pomodori 26, 32, 46, 74, 80, 82, 104, 112, 136

pomodori ciliegini 90
pomodori secchi 34
porri 52, 116
prezzemolo 118, 156
prosciutto 58, 82, 102, 112

R
radicchio rosso 70
ravanelli 60, 64,
ricotta 58, 130, 218
rosmarino 172
rucola 92
rum 246

S
salmone affumicato 140
salsa al peperoncino 38, 50
salsa di soia 198
salsiccia 148
sardine 132
sciroppo d'acero 222, 238
semi di finocchio 148
semi di papavero 20
semi di zucca 12
senape, salsa 172
sgombro 184
shichimi 18
spaghetti di riso 192
spaghetti di soba 182
spinaci 76, 140

T
tagliatelle 130, 142, 146
tagliolini 126, 132, 134, 144
tapenade verde 58
timo 174
tofu 54, 100
tonno 36, 58, 146, 182
tortellini 150

U
uova 42, 52, 124, 126
uova di merluzzo 24
uvetta 132

V
vongole 134

Y
yogurt 34

Z
zenzero 54
zucchine 42, 48, 124

INDICE DELLE RICETTE

A
agnello piccante e hummus 164
arance caramellate e panna allo sciroppo d'acero 238
aringhe grigliate con cetrioli marinati 188

B
barrette all'albicocca 206
biscotti al burro di arachidi 210
biscotti marshmallow e cioccolato 214
braciole di maiale e salsa aioli alle mele 166
branzino in brodo dashi 186
bruschetta classica al pomodoro e basilico 32
bruschetta (variazioni) 34-37
burrata con pesche grigliate 92
burrata (variazioni) 94
burro aromatizzato (variazioni) 172

C
calamari fritti sale e pepe 190
caprese di mozzarella, pomodori e basilico 80
caprese (variazioni) 82
carpaccio di verdure 64
carpaccio con maionese al tartufo 160
ceci in insalata 86
cheesecake classica 220
cheesecake (variazioni) 222
chips di cavolo riccio 16
chips di piadina all'aglio 22
chorizo caramellato e fagioli 40
composta di frutta secca e ricotta 218
controfiletto con burro e gorgonzola 170
couscous di primavera 88
crema al cavolfiore e garam masala 106
crema al cioccolato 236
crema di fagioli cannellini 108
crema di fagioli neri e salsa harissa 28
crema di peperoni 96
crema fredda cetrioli alla menta 114
crema fredda di avocado 110
croccantini al cioccolato bianco 204
cuori di lattuga romana grigliati 90

F
fajitas di pollo 178
fegato all'aceto balsamico 168
fettuccine all'Alfredo (burro e parmigiano) 138
fichi al caramello e pistacchi 216
fichi e spinaci in insalata 76
focaccine zucchine e feta 48
formaggio di capra tiepido al miele 44
frittata con zucchine e tagliatelle di riso 42

G
gamberi e spaghetti di riso 192
gazpacho rivisitato 112
gelatina di limone e lamponi 252
gelato al caramello 250
gnocchi pesto e avocado 128
granita di mojito 246
guacamole veloce 26

H
hamburger di formaggio speziato 46

I
insalata di barbabietole e formaggio di capra 66
insalata di broccoli 68
insalata di calamari, chorizo e mandorle 194
insalata di erbe fresche 78
insalata di indivia e pancetta 72
insalata libanese fattouche 74
insalata tiepida di cereali e radicchio rosso 70
involtini all'anatra 180

J
julienne di carote e barbabietole 84

M
maccheroni salsiccia e semi di finocchio 148
manzo in agrodolce 162
melanzane piccanti 50
meringata alle fragole 240
minestra verdure e funghi 116
minestra verdure e funghi (variazioni) 118
mousse al cioccolato bianco e mirtilli 230
mousse di fave al sesamo 30
mousse di merluzzo 24
mug cake ai mirtilli 228
mug cake al cioccolato 226

O
omelette ai porri e formaggio fresco 52

P
panna montata arancia e acqua di rose 224
pastina al formaggio, aglio e pepe nero 152
pastina in brodo e cavolo nero 136
peperoni verdi al shichimi 18
pesce al cartoccio 196
pesce al cartoccio (variazioni) 198
pesto al basilico 154
pesto (variazioni) 156
petto di pollo al timo e limone 174
pollo al curry 176
polpette di pesce e salsa al peperoncino 38
popcorn al caramello 208
popcorn al parmigiano 14

R
ramen al manzo piccante 98

S
salsa Alfredo (variazioni) 140
salsa classica pomodoro e basilico 122
salsa classica pomodoro e basilico (variazioni) 124
semi di zucca caramellati e speziati 12
sfogliatine alle spezie 212
sgombro e couscous con salsa harissa 184
sorbetto ai lamponi 244
sorbetto di frutta 248

T
tagliatelle ai peperoni e formaggio di capra 142
tagliatelle ricotta e limone 130
tagliatelle tonno e capperi 146
tagliolini alla carbonara 126
tagliolini con acciughe e pangrattato 144
tagliolini sardine, pinoli e uvetta 132
tagliolini vongole e dragoncello 134
tartine con asparagi e parmigiano 56
tartine (variazioni) 58-61
tartufi alla ciliegia e cioccolato 202
tegole di parmigiano 20
tiramisù semplice 232
tiramisù (variazioni) 234
toast dolci al cioccolato 242
tofu cremoso e salsa orientale 54
tonno, edamame e spaghetti di soba 182
tortellini in brodo 150

V
vellutata di fagioli rossi piccante 104
vellutata di piselli e prosciutto arrosto 102

Z
zuppa vegana di miso e tofu 100